AF149378

DISCLAIMER

The author and publisher are providing this book and its contents on an "as is" basis and make no representations or warranties of any kind with respect to this book or its contents. The author and publisher disclaim all such representations and warranties, including but not limited to warranties of merchantability. In addition, the author and publisher do not represent or warrant that the information accessible via this book is accurate, complete, or current.

Except as specifically stated in this book, neither the author nor publisher, nor any authors, contributors, or other representatives will be liable for damages arising out of or in connection with the use of this book. This is a comprehensive limitation of liability that applies to all damages of any kind, including (without limitation) compensatory; direct, indirect, or consequential damages; loss of data, income, or profit; loss of or damage to property; and claims of third parties.

FIRST EDITION - Published 2022

Extra Graphic Material From: www.freepik.com
Thanks to Alekksall, Starline, Pch.vector, Rawpixel.com, Vectorpocket, Dgim-studio, Upklyak, Macrovector, Stockgiu, Pikisuperstar & Freepik.com Designers

This Book Comes With Free Bonus Puzzles
Available Here:

BestActivityBooks.com/WSBONUS20

5 TIPS TO START!

1) HOW TO SOLVE

The Puzzles are in a Classic Format:

- Words are hidden without breaks (no spaces, dashes, ...)
- Orientation: Forward & Backward, Up & Down or in Diagonal (can be in both directions)
- Words can overlap or cross each other

2) ACTIVE LEARNING

To encourage learning actively, a space is provided next to each word to write down the translation. The **DICTIONARY** allows you to verify and expand your knowledge. You can look up and write down each translation, find the words in the Puzzle then add them to your vocabulary!

3) TAG YOUR WORDS

Have you tried using a tag system? For example, you could mark the words which have been difficult to find with a cross, the ones you loved with a star, new words with a triangle, rare words with a diamond and so on...

4) ORGANIZE YOUR LEARNING

We also offer a convenient **NOTEBOOK** at the end of this edition. Whether on vacation, travelling or at home, you can easily organize your new knowledge without needing a second notebook!

5) FINISHED?

Go to the bonus section: **MONSTER CHALLENGE** to find a free game offered at the end of this edition!

Want more fun and learning activities? It's **Fast and Simple!**
An entire Game Book Collection just **one click away!**

Find your next challenge at:

BestActivityBooks.com/MyNextWordSearch

Ready, Set... Go!

Did you know there are around 7,000 different languages in the world? Words are precious.

We love languages and have been working hard to make the highest quality books for you. Our ingredients?

A selection of indispensable learning themes, three big slices of fun, then we add a spoonful of difficult words and a pinch of rare ones. We serve them up with care and a maximum of delight so you can solve the best word games and have fun learning!

Your feedback is essential. You can be an active participant in the success of this book by leaving us a review. Tell us what you liked most in this edition!

Here is a short link which will take you to your order page.

BestBooksActivity.com/Review50

Thanks for your help and enjoy the Game!

Linguas Classics Team

1 - Food #1

ב ס ר ג צ כ ט ח ל א ת ה ס א
ם א י ג ט ד ל ד ן ט ה נ ר ת
ם ם ח ל צ ב י מ כ ע ט ג ה ה
ה ט ן ב ק ר מ ש ר ו ש מ ש מ
פ ם נ ו ד ן ו מ נ י ק ת צ ל
ל ף ה ט ף ס ן ה ר כ ס א ש ל
ט ל ס ן ו א ת ן ה ס ג א ו נ
ש ד מ כ ש ח ף ן צ ע ז ט ם ן
ג נ ר ע ג ף ד ב ג ד ר ת ס ש
ב ש צ ף ה ד נ ע ע ף ס ו כ מ
כ ה ם ה ר ו ע ש ד ן ל ת ע ה
ל נ ש פ ל ע ט ס ץ י מ ש ג נ
ט פ ר ס ח ס ת נ כ ל ל ד ב ם
ת פ ל ט נ א צ ס ף ף ח ה ט ש

בוטן
אגס
סלט
מלח
מרק
תרד
תות שדה
סוכר
טונה
לפת

משמש
שעורה
ריחן
גזר
קינמון
שום
מיץ
לימון
חלב
בצל

2 - Castles

פ	ג	ן	ד	צ	ב	ף	ח	כ	א	ש	נ	ע	ת
צ	י	ח	ס	מ	ג	ד	ל	כ	ב	צ	ס	ו	ס
ף	א	א	ש	ג	מ	ע	ו	ט	י	י	י	ע	כ
ד	ר	ק	ו	ן	ן	ל	ה	ם	ר	נ	כ	ל	פ
ח	ר	ב	ש	ד	ט	נ	כ	ת	ר	ו	ה	ש	י
ם	ד	ד	ל	ף	ל	צ	ש	ה	ט	ק	ה	ר	ם
ש	ע	ד	ת	ש	ר	ש	פ	צ	ה	ש	ת	י	ל
ר	ח	פ	ע	א	ן	צ	ט	ק	ם	ח	ן	ו	ן
ד	א	י	מ	פ	ר	י	ה	י	נ	א	ע	ן	ד
ט	א	ה	ה	ף	נ	ה	א	ר	א	צ	ן	ב	ם
ש	נ	נ	ה	ח	ת	ג	ס	כ	ר	ס	ר	ס	ב
ח	ף	ס	ף	ר	ט	פ	ע	ל	מ	ף	נ	ח	ת
ן	ם	י	ה	ר	ח	ח	ש	פ	ו	ב	ע	ל	ר
ג	ל	ך	ר	ב	ד	ד	ם	ה	ן	ש	א	ט	ף

אביר
אצילי
ארמון
נסיך
נסיכה
מגן
חרב
מגדל
קיר

שריון
מעוט
כתר
דרקון
צינוק
שושלת
אימפריה
פיאודל
סוס
ממלכה

3 - Measurements

פ	ש	ל	ח	ן	ב	ש	א	ב	ט	ב	ג	צ	מ
א	ע	ר	ס	מ	ה	ג	ו	ת	ש	ס	ד	פ	ב
ן	ר	ש	ר	ס	ט	ח	ר	ש	ג	נ	ב	ס	כ
ט	ו	ן	ר	ה	ה	ר	ך	מ	א	א	מ	ע	ף
ד	ט	ע	ל	ו	ד	נ	ה	ס	ל	א	נ	ע	ה
נ	מ	פ	ו	ש	נ	פ	ח	נ	כ	ו	ג	ד	מ
ת	ו	א	ר	מ	ס	י	ה	ט	ד	נ	ו	ב	ר
ג	ר	ם	א	ש	ק	ח	ר	י	ף	ק	ב	י	ת
ר	ו	ח	ב	ק	ם	ע	ת	מ	ה	י	ה	א	ב
ע	ע	ח	ר	ל	ט	ס	ר	ט	ב	י	ף	י	נ
ד	ק	ה	ק	י	ל	ו	ג	ר	ם	ת	ר	נ	כ
ב	פ	ן	צ	ט	ק	י	ל	ו	מ	ט	ר	ץ	ב
ס	ח	נ	ד	ר	צ	ב	פ	מ	ר	כ	ת	ג	ן
ע	ל	ח	א	ת	ל	ה	מ	ן	ח	צ	ה	א	ג

אורך
ליטר
מסה
מטר
דקה
אונקיית
טון
נפח
משקל
רוחב

בית
סנטימטר
עשרוני
תואר
עומק
גרם
גובה
אינץ
קילוגרם
קילומטר

4 - Farm #2

א	מ	ה	ד	ף	ו	ח	א	ר	ו	ט	ק	ר	ט
ף	א	מ	ע	ח	צ	ס	ד	ד	צ	ד	נ	א	ג
ט	י	ב	פ	ה	ם	ע	ח	ת	ע	ט	ן	כ	נ
ח	כ	ם	י	ש	ב	כ	י	ח	ה	ר	ו	ע	ש
נ	ר	מ	ר	ק	ר	ר	ו	ל	ר	ח	ב	ל	ח
ת	א	מ	ו	י	ו	א	ת	ף	ה	ת	ת	י	מ
ר	ר	ם	ת	ה	ו	ל	ו	ד	ג	ל	ט	ר	פ
ו	ם	ר	מ	ד	ז	ח	ה	ג	ת	ה	ב	ק	ת
ח	ט	נ	ה	ל	ט	ת	ג	ה	ס	ר	א	ע	ל
ן	ט	ע	נ	ם	י	ר	ג	ש	מ	ל	ל	ם	א
ס	ה	ע	ת	ר	ו	ו	כ	א	ט	ן	ו	ז	מ
ט	ם	ל	ס	ד	ף	ב	ט	ף	נ	ח	ב	נ	ה
ה	ן	ב	צ	ג	ף	מ	ש	ר	ם	ב	ל	ד	ב
ג	ם	כ	ח	ה	ת	פ	ב	ה	ש	ס	ח	ה	א

טלה
לאמה
אחו
חלב
כבשים
לגדול
טרקטור
ירק
חיטה
טחנת רוח

חיות
שעורה
אסם
כוורת
תירס
ברווז
איכר
מזון
פירות
השקיה

5 - Books

ד	ה	ק	ש	ט	ח	ה	ף	ה	ס	ק	ם	ט	מ
ו	מ	ש	ר	מ	ח	ב	ר	ס	ס	ו	ד	ד	ר
א	צ	ר	י	י	ס	א	ל	פ	ט	ר	כ	ע	ס
ל	א	ן	צ	ר	י	ל	ו	ר	ת	א	נ	כ	ש
י	ה	ט	ר	ג	י	ן	ו	ו	ד	ק	א	פ	י
ו	ן	נ	כ	ת	ב	א	נ	ת	ד	ה	ה	ס	ר
ת	מ	ג	ג	נ	א	נ	ט	י	ף	י	א	י	ה
ה	ק	ש	ר	א	ח	ה	י	ת	ם	ס	ג	פ	ם
ב	ה	ו	מ	ו	ר	י	ס	ט	י	ט	כ	ו	צ
ר	ו	מ	ן	ס	כ	צ	ה	ן	פ	ו	מ	ר	כ
ל	ש	ל	ה	ף	צ	ט	ח	ר	כ	ר	ס	ל	מ
ד	ס	ש	נ	ע	ע	ב	נ	פ	ל	י	ת	ה	ף
מ	ף	ח	ה	ע	ט	ן	מ	ם	מ	ם	ל	ע	א
ח	ף	פ	ת	א	ד	ם	ב	ב	ב	ד	ג	ם	ע

הרפתקה
מחבר
אוסף
הקשר
דואליות
אפי
היסטורי
הומוריסטי
המצאה
ספרותית

קריין
רומן
דף
שיר
שירה
קורא
רלוונטי
סיפור
טרגי
נכתב

6 - Meditation

כ	ה	ח	ט	ג	ה	ה	ג	א	ן	ל	א	ג	ק
ם	ר	ט	ש	צ	כ	ע	מ	ם	ע	ל	ג	כ	ב
נ	ג	ד	מ	ב	ר	נ	נ	צ	ט	מ	צ	ל	ל
ף	ל	ח	ס	ד	ת	נ	ו	ע	ה	ו	ס	ב	ה
ד	י	ר	ר	ש	ת	ל	צ	ר	כ	ד	נ	ג	ש
פ	ם	ח	ג	מ	ו	ז	י	ק	ה	נ	פ	ש	ל
כ	ר	ל	ו	כ	ד	ר	ת	ר	א	ש	ל	ת	ו
ח	ה	ס	ע	ר	ה	ג	ב	ב	א	צ	פ	י	ם
ל	כ	ח	פ	ב	ר	ש	ט	ג	ט	צ	מ	ק	ע
כ	כ	ל	צ	ק	ם	ו	ט	ב	מ	ב	ו	ה	ב
ח	ם	צ	ט	ע	ט	ת	כ	ר	ע	ר	ח	נ	ף
ר	מ	כ	ש	ש	א	י	ב	ה	י	ר	ו	ת	ת
נ	צ	ל	מ	מ	ח	ש	ב	ו	ת	פ	ח	ה	נ
מ	ג	ח	ה	א	ו	ש	ר	ה	ל	ס	ף	א	ג

קבלה
ער
רגוע
בהירות
חמלה
רגשות
הכרת תודה
הרגלים
אושר
חסד

נפש
מוח
תנועה
מוזיקה
טבע
שלום
פרספקטיבה
שתיקה
מחשבות
ללמוד

7 - Days and Months

ט	י	מ	ף	ס	י	ן	י	ו	ם	ש	ב	ת	ב
מ	ו	ן	י	נ	ו	א	ר	ב	ת	ס	ח	ח	פ
ל	ם	ן	ח	ר	ם	ט	מ	פ	א	פ	ד	ש	כ
ו	ש	ש	צ	מ	ש	ד	ל	פ	ל	ט	ן	ב	ח
ח	ל	י	נ	ס	נ	י	ו	ם	ח	מ	י	ש	י
ש	י	ו	ו	ף	י	מ	כ	ג	פ	ב	ט	ד	ש
נ	ש	ם	ם	ם	ת	ר	ת	ג	ע	ר	מ	פ	ף
ה	י	ר	פ	א	ש	ץ	א	ו	ק	ט	ו	ב	ר
נ	ר	א	ש	נ	ה	י	ל	ף	ח	ת	ן	ר	ה
פ	כ	ש	ר	ל	ן	צ	ש	ה	ו	ן	ף	ו	ט
צ	י	ו	ם	ר	ב	י	ע	י	ד	י	ם	א	צ
ב	ת	ן	א	ו	ג	ו	ס	ט	ש	ו	נ	ר	ס
נ	ו	ב	מ	ב	ר	ף	ב	ג	א	ל	ד	ל	ר
א	פ	ר	י	ל	ש	ב	ו	ע	ת	י	ף	ם	כ

אפריל
אוגוסט
לוח שנה
פברואר
יום שישי
ינואר
יולי
מרץ
יום שני
חודש
נובמבר
אוקטובר
יום שבת
ספטמבר
יום ראשון
יום חמישי
יום שלישי
יום רביעי
שבוע
שנה

8 - Chess

ב	ה	ב	ה	ל	ם	ה	ם	פ	ה	ש	ע	צ	ם
א	ס	ט	ר	ט	ג	י	ה	ל	ס	ח	ט	נ	ף
א	ף	ת	ס	ע	ס	ח	ע	כ	ש	י	מ	ל	ך
ל	ל	ל	ב	ן	צ	ח	ס	ס	ל	מ	ב	ע	ש
ו	ה	כ	ש	ח	ו	ר	י	פ	ט	ש	ד	י	נ
ף	נ	ש	ס	ם	ז	ת	ר	ח	ט	ח	ג	ע	נ
ף	פ	ק	ל	ו	מ	ח	י	א	ו	ק	ב	ע	ף
ל	ל	מ	ו	ד	ן	ר	ב	ה	ר	ע	פ	ח	צ
ד	נ	א	ג	ד	ח	ו	ל	ק	נ	ד	פ	ד	ן
ף	ט	ת	ל	ם	ו	ת	ח	ר	י	ש	ח	ק	ן
ף	ן	ג	ם	ה	א	ת	מ	ב	ר	מ	ל	כ	ה
ט	צ	ר	כ	ל	ל	י	ם	ה	ה	ע	א	א	ה
ן	צ	י	ס	פ	פ	ב	ש	כ	ב	מ	ש	כ	ל
ש	ט	ם	ר	נ	ת	ס	א	ט	ב	ר	ג	ם	ד

שחור
אתגרים
אלוף
תחרות
אלכסון
משחק
מלך
יריב
פסיבי
שחקן

נקודות
מלכה
כללים
הקרבה
אסטרטגיה
זמן
ללמוד
טורניר
לבן

9 - Food #2

ת	ם	ס	ב	צ	ר	ב	א	כ	ן	צ	צ	ח	ג
ב	ן	ס	ב	ל	ם	י	ד	ו	ב	ד	ב	ן	פ
ל	א	ל	ת	ם	ס	צ	ב	ב	ר	נ	ש	ב	ן
פ	ט	ר	י	י	ה	ה	ק	נ	ע	ז	ד	מ	ש
ע	ס	י	ט	א	ג	ב	י	נ	ה	ט	צ	ע	ת
ע	ג	ב	נ	י	י	ה	ו	ה	ד	ב	ח	צ	ם
ד	ת	ה	ע	ש	ש	ע	ו	ף	ט	ר	צ	מ	ן
ח	צ	י	ל	מ	ע	ו	י	ת	פ	ו	ח	ח	ע
ש	ו	ק	ו	ל	ד	ס	ק	ף	ד	ק	ס	ל	ב
ס	ג	ל	י	ו	ג	ו	ר	ט	ס	ו	ח	ב	ה
צ	ם	ם	ן	ד	ע	ג	כ	ח	ח	ל	ל	ם	ד
מ	פ	ל	מ	ר	א	ה	ף	ם	נ	י	ר	ס	ס
כ	ג	א	ם	ב	ה	ה	ג	ן	ת	ת	ט	ף	ל
כ	ף	ח	פ	ג	ש	ט	נ	ף	ם	ע	צ	ה	ח

תפוח
ארטישוק
בננה
ברוקולי
סלרי
גבינה
דובדבן
עוף
שוקולד
ביצה

חציל
דג
גפן
חם
קיווי
פטרייה
אורז
עגבנייה
חיטה
יוגורט

10 - Family

י	פ	נ	א	ם	צ	צ	ע	ח	ג	ב	א	ף	צ
ס	ל	ס	ש	א	ד	י	ב	ג	ב	ן	ה	ג	פ
ב	ב	ד	ה	ח	ט	ח	ל	ח	ח	ד	א	ח	כ
א	י	מ	ה	י	א	ב	ק	ד	מ	ו	ן	ע	כ
ב	א	ד	ש	י	ל	ד	י	ם	ו	ד	ד	ו	ד
א	ב	נ	ד	ן	נ	ב	א	ם	ס	ת	ב	ג	ש
ח	ה	מ	צ	כ	פ	ד	א	נ	צ	ע	ל	ג	ן
י	י	ע	ל	פ	ר	ד	ו	ד	ה	ה	ח	פ	ר
י	ן	ש	ע	ם	א	מ	ה	ש	ב	ע	נ	א	ף
נ	ל	ן	ט	ע	ח	ב	ג	ש	ע	מ	מ	נ	ה
י	א	ג	ד	א	ו	ת	ע	ב	נ	א	ל	נ	מ
ת	ס	ף	צ	ש	ת	ב	ת	ל	כ	י	ט	צ	צ
ת	צ	ג	ן	ט	ם	ר	ש	ר	ד	מ	ג	ב	ע
ט	ד	צ	ת	א	ת	ש	ה	ם	ב	א	א	פ	ף

אב קדמון
דודה
אח
ילד
ילדות
ילדים
בן דוד
בת
אבא
סבא

נכד
בעל
אימהי
אימא
אחיין
אחיינית
אבהי
אחות
דוד
אשה

11 - Farm #1

ל	ב	ש	ב	ב	ח	ש	ד	ד	ד	ג	ח	ש	כ
מ	י	נ	ס	ע	ת	ש	ד	ד	ח	א	ק	ם	ם
ח	ז	ה	א	ו	ר	ז	ב	ה	ש	ר	ל	נ	ן
ל	ו	כ	פ	ר	ם	נ	ש	ג	ן	ן	א	ס	מ
ח	ן	ל	ר	ב	ס	ו	ס	ה	ח	ג	ו	ע	כ
ת	צ	ב	ט	פ	פ	פ	צ	ש	כ	ף	ת	ם	ג
ו	צ	י	ט	כ	נ	ח	ת	ף	ן	מ	ח	מ	ד
ל	כ	ד	ר	ס	ג	פ	צ	ש	פ	ע	ז	ס	ר
כ	ד	ג	ש	ב	ס	ח	פ	ר	ה	ג	ר	ש	ר
ד	ם	מ	ל	ג	צ	ח	א	ט	כ	ל	ע	מ	פ
ר	ח	ה	ח	ס	פ	מ	מ	ת	ן	ף	י	ף	ף
א	ע	מ	נ	כ	ע	ו	ף	מ	י	ם	ם	ב	ג
ן	כ	ר	ה	ם	ף	ר	ף	ר	מ	פ	צ	נ	ג
ד	ב	ו	ר	ה	ר	ף	כ	צ	ת	ח	ן	ב	ם

חקלאות
דבורה
ביזון
עגל
חתול
עוף
פרה
עורב
כלב
חמור

גדר
דשן
שדה
עז
חציר
דבש
סוס
אורז
זרעים
מים

12 - Camping

ט	ב	ח	א	ה	ח	ט	ר	ט	ה	ת	ל	ר	פ
ב	ה	ר	ש	ג	ד	כ	י	ל	ה	מ	ע	פ	ר
ע	ר	ק	מ	ד	ם	ע	ר	ס	ל	מ	צ	פ	ן
צ	פ	ס	ר	ח	ם	ן	ח	ב	ל	פ	ס	ף	ן
י	ת	ס	ב	נ	מ	ג	ל	ה	ס	ה	ס	כ	ה
ם	ק	ט	ג	ע	ן	א	ש	ג	צ	מ	ת	ם	ה
ב	ה	כ	ו	ב	ע	ע	א	ה	כ	י	ף	כ	ג
ל	ם	ע	ד	ת	ה	כ	ע	ג	ר	ע	ד	ת	ף
פ	ר	ת	כ	ף	א	מ	צ	ח	מ	ר	ע	ה	ם
צ	פ	א	ף	מ	ן	ב	ח	ל	ן	מ	ה	ס	ח
ב	ש	ק	ח	ל	נ	ל	נ	ל	א	ו	ה	ל	ר
נ	א	א	א	ל	פ	ת	ח	ח	ב	ש	ם	צ	ג
ר	פ	ש	ל	נ	ל	ח	מ	ר	ב	ש	ף	ל	ע
ט	ג	נ	ח	י	ו	ת	א	ף	ל	צ	נ	א	ן

הרפתקה
חיות
תא
קאנו
מצפן
אש
יער
כיף
ערסל
כובע

ציד
חרק
אגם
מפה
ירח
הר
טבע
חבל
אוהל
עצים

13 - Conservation

ח	פ	פ	ב	ד	ח	י	נ	ו	ך	ח	ב	א	ל
פ	ד	ס	ר	א	מ	י	ר	ו	ק	ה	ר	ק	מ
ן	ר	ג	ק	ג	ו	ח	ב	ף	ש	ע	י	ל	ח
ג	ס	נ	י	ה	ס	ר	ז	ב	ט	ע	א	י	ז
ב	ב	ז	י	ה	ו	ם	ג	ו	ף	ח	ו	ם	ר
ט	י	ט	מ	ט	ב	ע	כ	נ	ר	ו	ת	פ	נ
ע	ב	מ	א	צ	ס	ר	ד	ם	י	מ	מ	ט	ש
א	ת	ש	י	נ	ו	י	י	ם	ב	ר	י	ג	א
ם	י	ה	נ	ק	ם	נ	נ	ת	ה	ה	ם	ם	ש
ף	ן	ע	ח	נ	ל	מ	ס	ל	א	ד	ה	ה	א
ג	כ	פ	ש	ע	ה	י	ד	ח	א	ב	ד	א	ח
ט	ב	ע	י	ג	ר	ד	ם	ע	ח	ר	צ	ר	ש
ש	א	צ	ת	נ	ב	ה	ש	ן	ג	ה	כ	ב	פ
מ	ל	ט	ם	ם	מ	ט	ס	פ	ת	א	נ	א	ג

בריאות
טבעי
אורגני
חומר הדברה
זיהום
למחזר
בר קיימא
מים

שינויים
כימיקלים
אקלים
דאגה
מחזור
חינוך
סביבתי
ירוק

14 - Cats

א	ה	א	צ	ף	ש	ר	ל	ל	מ	ב	כ	ג	ל
ש	ף	כ	ג	י	ת	ח	א	ב	מ	ש	ה	א	צ
ף	ב	פ	נ	ב	ד	ם	ד	ש	צ	ד	ע	צ	נ
ב	ד	ה	צ	י	ת	ו	י	ש	י	א	ם	ג	ע
ח	א	ם	ג	י	ס	ש	א	ט	י	ס	ח	צ	נ
ג	ף	ג	כ	ש	ף	מ	ף	ן	ד	מ	מ	ש	ל
ן	ת	צ	כ	ן	ש	ס	ט	ג	ה	א	צ	ט	פ
ד	נ	ה	ו	ו	ר	פ	פ	ת	י	ף	ח	ם	ן
ע	ק	ה	ג	כ	ן	ר	ק	ס	ר	פ	י	ע	ד
ע	ט	ע	ט	ו	ח	א	ה	ב	נ	ז	ק	כ	ב
כ	ן	צ	נ	ש	ד	י	כ	ת	ר	פ	מ	ב	ג
ן	ן	ע	ח	א	ס	ן	כ	כ	ה	ם	ם	ר	כ
ם	ב	כ	ן	ה	ב	י	ח	ש	צ	ח	ג	ף	ה
ג	צ	פ	ט	ת	ב	ה	ל	נ	ש	צ	צ	ג	ש

עכבר
כפה
אישיות
ביישן
שינה
זנב
פראי
חוט

חיבה
משוגע
סקרן
מצחיק
פרווה
צייד
עצמאי
קטן

15 - Numbers

א	ע	נ	ד	צ	ע	ד	ש	ב	ש	ל	ו	ש	ש
ר	נ	ף	נ	ס	ר	ב	ב	נ	ת	ט	ף	ע	מ
ב	ש	ת	כ	כ	ד	ש	ע	ה	י	ד	ב	פ	ו
ע	ט	מ	פ	ם	פ	א	ח	ד	ש	ם	פ	ח	נ
ה	כ	כ	ה	נ	כ	ר	נ	ש	מ	ש	ע	ל	ה
ע	צ	צ	א	ן	ח	ב	ש	ש	ו	ל	ש	ש	ג
ש	ה	ת	ל	ב	צ	ע	ה	פ	נ	ו	ר	ש	ר
ר	כ	ח	ת	ש	ע	ע	ש	ר	ה	ש	ו	ע	ת
ח	מ	י	ש	ה	ע	ש	ר	ג	ע	ע	נ	ש	ת
מ	ד	ת	ע	ע	ש	ב	ר	ד	ש	ש	י	ר	צ
ש	ב	ע	ע	ש	ר	ה	ג	נ	ר	ר	ח	ה	נ
ש	ט	ל	ס	ר	י	ח	ן	ל	ם	ה	ס	ג	ן
ש	ת	י	י	ם	ם	ה	פ	ב	מ	מ	ח	ח	פ
צ	נ	ף	ר	ן	ף	ט	ס	ס	ס	ג	ג	ח	ל

עשרוני
שמונה
שמונה עשר
חמישה עשר
חמש
ארבע
ארבעה עשר
תשע
תשע עשרה
אחד

שבע
שבע עשרה
שש
שש עשרה
עשר
שלוש עשרה
שלוש
שנים עשר
עשרים
שתיים

16 - Spices

ב	ב	ד	ע	ט	ע	צ	ב	ט	ש	ס	ס	ח	ב
מ	ת	ח	ר	ס	ח	ש	ס	מ	ש	ו	ם	ט	ף
נ	ש	ב	ל	ט	ר	ע	ב	ו	ו	נ	נ	ל	ה
ג	ב	ה	נ	ם	צ	פ	ש	ס	מ	ן	ט	ס	ד
ף	י	ל	ה	מ	צ	ת	צ	ק	ר	ם	ד	ן	ט
ר	ל	נ	ב	נ	ב	ס	ב	ט	ו	ע	א	ב	ד
ר	ח	ה	ג	ט	צ	צ	ם	ה	נ	ח	ב	צ	פ
ח	פ	ק	א	ר	י	ל	ס	א	י	ג	ו	ל	ט
מ	ם	ג	ז	ע	פ	ר	ן	ש	ל	ב	ס	ק	ע
א	נ	י	ס	ה	ו	ף	ד	מ	א	ט	ב	י	ם
נ	ד	ף	מ	ף	ר	ע	ד	ג	ת	ר	ר	נ	ת
מ	ר	י	ר	ג	ן	ף	ה	ף	ו	ב	ה	מ	א
ל	פ	ב	ל	ט	פ	פ	ר	י	ק	ה	ק	ו	מ
ח	מ	ב	ש	ו	ש	ף	נ	ת	ח	א	ף	ן	ל

אניס
מריר
הל
קינמון
ציפורן
כוסברה
כמון
קארי
שומר
טעם
שום
ג'ינג'ר
שוש
מוסקט
בצל
פפריקה
זעפרן
מלח
מתוק
וניל

17 - Mammals

ב	ס	נ	א	ז	ב	ס	מ	ש	ו	ר	ד	צ	ח
ש	ג	מ	ז	א	ב	ו	ק	ח	ו	ף	ו	ג	כ
ג	ל	ט	צ	ב	ה	ס	נ	ג	א	ע	ב	נ	ט
ב	פ	י	ל	ע	ן	ס	ג	ה	ח	צ	ל	ת	ע
ר	מ	ה	א	ר	י	ה	ו	ח	ט	ש	ט	ת	צ
ק	ו	ף	ל	ב	ד	א	ר	ס	ט	ד	פ	ב	ף
ח	ט	ג	ו	ו	ף	ת	ו	ת	ט	ס	א	מ	ע
ט	ן	ג	ו	ת	מ	ט	א	כ	נ	צ	א	ד	ם
ם	ם	ג	י	ר	פ	ה	ר	ל	ש	ף	צ	ח	צ
ד	א	נ	ת	כ	י	ט	ז	ב	ר	ה	ב	ת	ף
ע	מ	ב	ן	מ	ה	ל	כ	ב	ש	י	ם	ו	כ
ד	ו	ל	פ	י	ן	ת	ה	ד	כ	פ	ה	ל	כ
ר	ם	א	ד	ם	ד	ה	נ	ב	ל	ח	ד	ת	ף
ע	ס	ט	א	ר	נ	ב	צ	ג	ף	ר	מ	ן	נ

דוב
בונה
שור
חתול
זאב ערבות
כלב
דולפין
פיל
שועל
ג'ירפה

גורילה
סוס
קנגורו
אריה
קוף
ארנב
כבשים
לוויתן
זאב
זברה

18 - Fishing

ה	ג	ז	מ	ה	מ	צ	י	ו	ד	פ	צ	ר	מ
ג	ן	ד	י	ג	ח	ש	ש	ה	כ	ז	מ	א	א
א	ח	ם	ם	ש	ה	מ	ק	א	ס	י	ר	ה	ז
פ	ו	ו	מ	כ	ע	ה	ם	ל	ל	מ	ס	ל	נ
ה	ף	ק	ג	א	ר	א	ר	ס	ת	י	ע	ט	י
ע	ב	ג	י	ט	נ	ג	ר	ת	ש	ם	ט	ל	י
כ	ו	ף	ר	י	ג	ם	ן	פ	ד	ס	א	ד	ם
ם	כ	נ	ש	ב	נ	א	ח	ה	ח	ת	פ	ת	נ
ע	ר	ת	ה	ם	ט	ו	ג	ש	ף	ל	א	ה	ה
ד	א	ג	ד	ר	ה	ט	ס	ב	ל	נ	ו	ת	ח
פ	י	ת	י	ו	ן	ד	ס	ט	א	ש	ת	ף	ו
ס	נ	ה	ר	ת	צ	ן	ה	ן	ף	נ	ס	פ	ט
ס	נ	פ	י	ר	י	ם	ת	ע	מ	מ	ג	א	ה
מ	ע	מ	ה	ף	ג	צ	נ	ט	נ	ש	ר	נ	ס

פיתיון
סל
חוף
סירה
ציוד
הגזמה
סנפירים
זימים
וו
לסת

אגם
אוקיינוס
סבלנות
נהר
מאזניים
עונה
מים
משקל
חוט

19 - Restaurant #1

ג	ף	ש	צ	מ	א	ע	ק	מ	ם	א	ן	ס	ם
ט	ן	ס	ל	ר	ף	ו	ע	ז	ע	ם	כ	ר	ט
ה	נ	פ	ח	כ	ה	ס	ר	ו	ת	י	נ	ב	מ
ע	ח	ק	ת	י	ש	ק	ה	ן	ן	ף	ן	ת	צ
א	ס	פ	נ	ב	ט	ו	ר	ה	י	ג	ר	ל	א
ר	ס	ה	ש	י	ר	פ	ד	ש	ף	י	ר	ח	ש
ה	א	ר	ט	ם	ד	א	ם	ח	ב	ט	מ	ם	מ
ל	ס	ג	ח	ו	נ	י	ק	א	ה	נ	מ	ז	ה
נ	מ	ת	י	פ	מ	ת	ן	ג	ל	ש	ע	ד	ל
ת	א	ת	א	ג	ל	פ	ל	ן	ף	צ	ג	א	מ
ה	ב	א	א	ן	צ	ר	ח	ט	ר	ד	כ	ם	ת
ה	ס	ת	ט	ח	ר	י	ף	ל	א	ו	ל	ה	ם
פ	נ	ף	כ	א	י	ט	ף	נ	ל	ד	ד	ת	נ
ח	ט	ר	ט	נ	ת	ש	א	ט	ם	פ	ה	ם	ת

אלרגיה
קערה
לחם
קופאית
עוף
קפה
קינוח
מזון
מרכיבים
מטבח

סכין
בשר
תפריט
מפית
צלחת
הזמנה
רוטב
חריף
לאכול
מלצרית

20 - Bees

כ	ח	ס	ר	כ	נ	ה	ת	ט	ב	ד	ן	ש	ע
ל	י	ע	ו	מ	ה	ל	ה	ק	ב	א	ה	מ	צ
ג	פ	ו	ה	א	מ	ן	ע	ש	ה	ת	ס	ש	מ
א	ר	ע	מ	ב	ן	ו	ו	י	ג	ת	ק	ר	ח
ת	ח	ח	ל	י	פ	ה	ע	ן	ט	ה	ר	ח	י
ע	י	ש	כ	ק	ם	ג	ם	י	י	פ	נ	כ	ם
ל	ם	ט	ה	ר	כ	ש	ד	ר	ל	כ	א	ע	ן
צ	פ	ד	ר	ס	נ	צ	ת	ה	ד	ן	ח	נ	א
א	נ	ה	ח	י	ר	פ	ן	ו	ז	מ	צ	ח	ד
ח	ף	ג	ם	נ	פ	י	ח	ע	נ	ן	צ	י	ן
ס	ל	מ	כ	ם	ה	ר	ר	נ	ד	ג	ב	ל	א
כ	ד	ם	ה	ד	ה	ו	ה	ו	ו	ע	ש	מ	ג
צ	ס	ם	נ	ם	ף	ת	ר	ס	ע	כ	ן	ת	ג
ב	צ	ם	ד	ב	ש	ה	מ	ד	א	מ	ה	א	ח

מועיל
פריחה
גיוון
פרחים
מזון
פירות
גן
כוורת
דבש
חרק

צמחים
אבקה
מאביק
מלכה
עשן
שמש
נחיל
שעווה
כנפיים

21 - Sports

ד	ד	ת	א	א	צ	ב	א	ש	נ	א	א	ל	ג
ש	מ	א	ג	ר	ב	נ	ח	ו	ם	צ	ת	ן	ה
ל	ש	ח	ו	ת	צ	ע	ם	פ	ג	ט	ל	ר	ת
ר	ח	ל	ל	פ	ת	ע	ד	ט	ע	ד	ה	ד	ע
ב	ק	ד	ף	מ	נ	כ	ף	פ	ל	י	כ	כ	מ
ט	כ	ת	ס	ר	צ	י	ן	ט	ב	ו	נ	ח	ל
ט	נ	ד	ע	ה	ו	ק	י	צ	ן	ן	א	ס	ו
ס	ג	י	ו	ע	ו	א	צ	ם	נ	ת	ב	פ	ת
ס	ע	ס	ס	ר	ת	ב	י	י	ס	ב	ו	ל	ר
ש	ח	ק	ן	ת	ס	ז	ו	כ	ה	מ	א	מ	ן
ע	ת	ן	ת	נ	ח	ל	ג	ד	ד	ה	ט	ש	ד
ת	ב	א	ן	ו	פ	ד	צ	פ	ם	ג	מ	ס	ד
ג	מ	ר	נ	ע	א	ל	י	פ	ו	ת	ס	א	ם
ב	ד	מ	כ	ה	ס	פ	ו	ר	ט	א	י	ע	ס

ספורטאי
בייסבול
כדורסל
אופניים
אליפות
מאמן
משחק
גולף
התעמלות
הוקי
תנועה
שחקן
שופט
אצטדיון
צוות
טניס
לשחות
זוכה

22 - Weather

ן	צ	ע	כ	צ	ט	ס	א	ט	ף	ג	א	ג	ה
ן	ט	ח	פ	ש	ו	ה	ק	ו	ט	ב	ט	ח	ו
ק	מ	נ	ם	ע	ר	פ	ל	מ	ע	ק	ה	ה	ר
ש	פ	ר	ת	ל	נ	ע	י	ב	ש	נ	ר	ח	י
ת	ר	ו	ח	ם	ד	ן	ם	ף	ח	מ	ן	ח	ק
ס	ט	א	ע	מ	ו	נ	ס	ו	ן	צ	ן	ד	ן
נ	ו	נ	ל	ש	ם	ר	פ	ש	ם	ת	נ	ד	ף
א	ר	ס	צ	ן	ן	ת	ג	ט	א	ב	ר	מ	מ
ו	ה	פ	ף	ב	ם	מ	ה	ר	ק	י	ע	ג	ד
ו	ת	ס	מ	ר	ר	ב	צ	ו	ר	ת	ף	ש	ש
י	ן	ע	ר	ק	ש	א	כ	פ	ס	ע	ר	ה	ה
ר	מ	ף	ן	ר	ת	ם	ב	י	ד	נ	ח	ב	ע
ה	ב	ש	ם	ר	ו	·	ח	ַ	ם	ט	ת	ר	ש
ע	ח	ן	ד	ס	ת	ת	א	מ	ל	ר	ס	ם	ט

אווירה
רוּחַ
אקלים
ענן
בצורת
יבש
ערפל
הוריקן
קרח
ברק

מונסון
הקוטב
קשת
רקיע
סערה
טמפרטורה
רעם
טורנדו
טרופי
רוח

23 - Adventure

פ	מ	ד	פ	ש	י	ט	ה	כ	ם	ה	נ	כ	ה
ע	צ	ל	נ	מ	ו	ר	ף	ד	ע	י	ט	ש	ז
י	ף	נ	ת	ח	צ	ג	ס	ט	ו	ו	י	נ	ד
ל	א	ן	ח	ס	א	ל	י	נ	ן	כ	ו	ס	מ
ו	צ	ן	צ	ף	ד	צ	כ	מ	ד	מ	ל	נ	נ
ת	ש	א	נ	ר	ו	א	ו	ס	כ	ת	ר	ח	ו
ר	ב	כ	ל	ף	פ	ת	י	ל	י	ג	ד	נ	ת
ש	פ	פ	ת	ם	ן	ג	מ	ו	ש	ש	כ	פ	ב
ף	ן	א	ח	ג	ט	ר	פ	ל	ת	ע	ן	ט	ש
י	ש	ו	ק	ג	צ	י	ת	ח	ן	ה	י	א	כ
מ	כ	מ	ס	צ	פ	ם	י	ר	ב	ח	ר	ט	ס
ש	ן	ץ	צ	ם	ם	ג	ע	נ	ו	ע	ת	ב	כ
ה	ש	כ	פ	ח	פ	ד	ש	ת	ג	ם	ל	ג	ן
ה	ח	מ	ש	ע	ב	ט	ט	ף	ם	ר	ט	ג	ם

מסלול
שמחה
טבע
ניווט
חדש
הזדמנות
הכנה
בטיחות
מפתיע
יוצא דופן

פעילות
יופי
אומץ
אתגרים
סיכוי
מסוכן
יעד
קושי
טיול
חברים

24 - Circus

מ	א	נ	ה	צ	ש	ל	ג	ם	ף	ב	ס	א	פ
ו	מ	ר	ל	ף	כ	ם	ף	ס	ד	ש	צ	ק	צ
ז	ט	ש	ס	א	ח	ת	ח	ט	ת	ק	י	ר	ט
י	ש	ט	ף	נ	ף	ח	ם	ס	ק	ב	א	ו	ם
ק	ת	ו	י	ח	ה	ה	פ	ו	צ	כ	ר	ב	ג
ה	ל	ה	ל	ה	ו	א	ף	ר	נ	ב	י	ט	ב
ע	ה	ת	ש	ו	פ	ח	ת	ג	ג	ה	ה	ל	ש
ד	ט	ב	מ	א	ע	מ	ד	ע	צ	מ	ו	י	ס
כ	ו	ה	מ	ף	ה	נ	ף	ח	ס	נ	צ	צ	ן
ד	ט	ף	ת	ס	מ	ל	י	פ	י	ת	ח	ן	ם
ה	ן	ט	ק	ר	ב	ה	ש	ם	ח	ב	ב	פ	ח
ל	ל	ה	נ	ע	פ	מ	ד	ן	צ	ל	ר	ט	פ
ג	ב	ע	ם	ן	א	ן	נ	ם	ש	א	ל	ר	ח
ב	ל	ף	ם	נ	ש	מ	ח	א	פ	ט	ת	ג	צ

קסם
קוף
מוזיקה
מצעד
הופעה
צופה
אוהל
נמר
טריק

אקרובט
חיות
בלונים
ממתק
ליצן
תחפושת
פיל
להטוטן
אריה

25 - Restaurant #2

מ	ת	ו	ר	י	פ	ע	ד	ר	ם	י	צ	י	ב
צ	ה	ד	ל	ר	ט	ו	ח	צ	ם	ף	ס	מ	נ
ע	ד	ל	ת	ק	פ	ג	ם	י	נ	י	ל	ב	ת
ג	ה	צ	ק	ו	ג	ה	ת	ו	י	ר	ט	א	מ
ת	ס	ד	ר	ת	ם	י	מ	א	ס	י	כ	ז	מ
ל	כ	ר	ח	ן	ס	ס	נ	ס	צ	ב	ל	ן	מ
ט	ף	ב	ר	ע	ת	ח	ו	ר	א	ג	ח	ת	ל
ע	ם	י	י	ר	ה	צ	ת	ח	ו	ר	א	ט	צ
י	ם	צ	פ	ק	ר	מ	ת	ן	ן	ב	ף	מ	ר
ם	ף	ש	פ	מ	ף	פ	ה	ל	ן	ר	ר	ל	ף
ע	צ	נ	ס	ה	ף	צ	ע	ל	ע	ר	ם	ח	ג
ט	ה	ט	ס	ס	ה	ר	ח	ד	ר	ת	ר	ר	ם
ג	ם	ש	ס	ה	ף	ט	ה	ל	צ	ח	נ	ס	א
ס	צ	ט	ל	ס	ם	ע	א	ג	כ	ן	ט	א	ע

ארוחת צהריים
אטריות
סלט
מלח
מרק
תבלינים
כף
ירקות
מלצר
מים

מתאבן
עוגה
כיסא
טעים
ארוחת ערב
ביצים
דג
מזלג
פירות
קרח

26 - Geology

ב	ט	ר	א	ל	ן	ר	ג	א	ר	מ	ה	מ	ס
ה	א	ר	ע	ל	א	כ	ח	ב	ש	ה	פ	ל	א
ה	ל	ל	ל	ן	ט	ן	מ	ן	י	נ	ש	ח	פ
ג	ב	פ	מ	ח	ז	ו	ר	י	ם	ש	ח	ר	מ
מ	ה	ג	א	ו	ד	ח	ע	ק	נ	ט	י	ף	ע
א	ע	ג	ו	מ	ג	פ	י	ו	ס	י	ק	ם	ר
ן	ח	ש	ב	צ	ס	מ	ד	ו	ת	ב	ה	ס	ה
ס	ג	ת	ן	ה	ר	ף	ת	ר	ן	ש	כ	ב	ה
מ	י	נ	ר	ל	י	ם	א	ץ	נ	ת	כ	כ	ר
ה	י	ד	ד	מ	פ	ח	ד	מ	צ	ם	פ	צ	ג
ע	ז	ל	ן	ט	ד	ט	מ	ע	ד	ג	ר	ת	ע
ם	ר	ט	כ	צ	ד	ש	ה	ר	ל	ח	ג	ג	ש
ל	ן	ט	ת	ל	נ	ע	ח	צ	פ	פ	ש	ט	צ
ל	ר	ג	ר	ג	א	ה	ס	ג	ט	ש	פ	ר	א

גייזר
לבה
שכבה
מינרלים
רמה
קוורץ
מלח
נטיף
אבן
הר געש

חומצה
סידן
מערה
יבשת
אלמוג
גבישים
מחזורים
רעידת אדמה
שחיקה
מאובן

27 - House

ר	צ	ר	ר	ח	נ	ל	נ	ש	ה	כ	א	ס	ן
ד	צ	צ	ך	ס	ו	מ	ה	ה	ל	פ	ר	י	ק
ד	ח	פ	ת	ש	ק	ט	ם	ס	א	ם	ט	צ	ר
נ	ל	ה	ג	ל	ח	א	א	ת	ו	ח	ת	פ	מ
ן	ו	ל	ח	ס	ל	ט	ד	ג	ט	מ	ע	מ	ל
ד	נ	ת	ס	ה	מ	א	ח	ד	מ	ג	ר	ד	ח
ע	א	ה	י	ר	פ	ס	ל	ר	ט	ו	ה	י	ר
ף	ע	מ	א	ן	ג	ב	ם	ה	מ	ח	ב	ט	מ
כ	ל	ה	ג	ג	ל	פ	ם	ח	ה	ר	ו	נ	מ
מ	י	פ	ד	פ	מ	ר	ב	ס	ע	ן	פ	מ	ן
ל	י	ל	ר	ל	כ	ח	ג	צ	א	צ	כ	כ	ב
ש	ת	ף	ש	ה	פ	כ	ל	ד	ל	פ	מ	ד	ם
נ	ג	ט	ש	ה	ת	ו	נ	ו	ל	י	ו	ט	ם
ח	ג	פ	כ	ם	צ	ת	ת	ן	א	ן	ת	ת	ע

מפתחות
מטבח
מנורה
ספריה
מראה
גג
חדר
מקלחת
קיר
חלון

עליית גג
מטאטא
וילונות
דלת
גדר
אח
רצפה
ריהוט
מוסך
גן

28 - Bathroom

מ	כ	מ	ן	ג	ף	ג	ר	פ	ש	ש	ס	ת	ה
י	ה	י	צ	נ	כ	כ	צ	ע	מ	ט	ח	פ	א
ם	א	ב	ו	ש	ם	נ	ר	ל	ס	י	ש	ח	צ
ע	ן	ת	מ	ר	א	ה	ג	ס	ג	ח	ר	ס	ד
ן	ג	ם	ג	ס	ח	ם	ם	ן	ג	ש	א	ן	צ
ת	ל	ן	ג	ע	ח	מ	א	ה	ף	פ	ל	ם	נ
ד	א	ר	מ	ת	ב	כ	א	ר	ר	ל	ד	ש	ס
ח	מ	ק	ל	ח	ת	א	ל	ג	ע	ר	ג	ב	ב
ף	ב	ר	ז	ת	ל	ף	ג	נ	ר	ג	ב	ן	ו
ק	ט	נ	ט	ף	א	ל	ה	א	ל	כ	מ	ה	ן
ר	י	ט	ט	ש	ן	א	ש	י	ר	ו	ת	י	ם
ם	ה	ט	ף	ט	ג	ע	ב	מ	ג	ב	ת	ם	ט
ן	נ	ב	ו	ע	ו	ת	ר	נ	פ	ס	פ	ו	ג
מ	מ	ס	פ	ר	י	י	ם	צ	ם	ו	ת	ת	א

אמבטיה
בועות
ברז
קרם
מראה
בושם
שטיח
מספריים
שמפו

מקלחת
כיור
סבון
ספוג
קיטור
שירותים
מגבת
מים

29 - School #1

א	ד	מ	ר	מ	ע	ש	ת	ע	א	ח	נ	ם	ג
ר	ל	ל	ן	ח	מ	מ	ט	ט	ן	כ	ע	מ	כ
ו	ש	ן	ד	ב	ם	י	ג	א	ם	ט	ב	י	י
ה	נ	ת	ת	כ	ם	ן	ם	י	נ	מ	ס	א	ף
ת	צ	ש	א	ם	י	ר	פ	ס	ת	א	ב	ל	כ
צ	ד	ו	מ	ל	ל	צ	ם	י	ר	ב	ח	פ	ט
ה	ת	ב	ו	ה	ק	י	ט	מ	ת	מ	י	ב	ס
ר	ח	ו	ר	ר	ב	ב	ו	ת	כ	ל	נ	י	מ
י	י	ת	ה	ת	ח	ם	ב	ע	ת	מ	ו	ת	ל
י	ד	י	ם	ט	ס	ר	י	י	נ	צ	ת	ג	ד
ם	ו	ק	ר	ד	פ	כ	ף	כ	ט	נ	ר	כ	נ
צ	ן	י	ן	ע	ר	נ	ן	ו	ר	פ	י	ע	א
כ	ן	ו	א	מ	י	ל	ן	ש	ט	ת	נ	ג	ף
ה	ש	ת	ט	ר	ה	ם	ף	ש	ה	ר	ע	ב	ט

ארוחת צהריים
סמנים
מתמטיקה
נייר
עיפרון
עטים
חידון
מורה
ללמוד
לכתוב

אלפבית
תשובות
ספרים
כיסא
כיתה
בחינות
תיקיות
חברים
כיף
ספריה

30 - Dance

ד	ג	ו	ף	ע	ר	ל	ד	ס	ח	ת	ה	ב	ד
ק	ל	_	א	ס	.	י	ס	ף	ז	נ	פ	ת	א
כ	א	מ	נ	ו	ת	ב	צ	א	ר	ו	ת	ז	ב
ו	נ	ב	ף	א	ק	ד	מ	י	ה	ע	ר	ו	ר
ר	פ	י	נ	ח	ת	ק	צ	ב	ב	ה	ב	ג	כ
י	נ	ע	ל	ת	כ	ש	נ	צ	ל	ה	ו	ת	ש
א	ת	ח	ז	ו	ת	י	מ	א	נ	ג	ת	ת	ב
ו	מ	ס	ו	ר	ת	י	ס	ח	ג	ר	ט	נ	ח
ג	ב	א	ם	א	כ	ת	ט	ה	ף	ת	ף	ב	ר
ר	ד	ע	ף	ה	ר	ת	ם	ט	ט	ס	פ	ם	ל
פ	ן	ג	ע	פ	ח	א	ר	ד	ש	ט	א	ם	פ
י	ע	פ	ן	מ	ף	א	ג	ף	ח	צ	ב	ב	פ
ה	ח	מ	ו	ז	י	ק	ה	ש	ס	ל	ש	ח	ט
ר	ה	כ	ר	ב	ד	ד	ש	צ	ף	נ	כ	ם	ר

אקדמיה
אמנות
גוף
כוריאוגרפיה
קלַאסִי
תרבות
רגש
מביע
שמח

תנועה
מוזיקה
בת זוג
יציבה
חזרה
קצב
מסורתי
חזותי

31 - Colors

פ	כ	ה	ס	ע	ה	כ	ח	ו	ל	ל	נ	ש	פ
ט	ן	ג	ע	ט	ן	ת	צ	ט	ר	ף	ט	ל	ף
ל	א	ר	ג	מ	ן	ו	פ	פ	ה	ש	א	ב	ס
ב	ד	ט	כ	פ	ת	ם	ו	ף	ח	א	ש	ז	מ
ן	ו	ף	ג	כ	ט	ן	ק	ת	ן	ח	ן	מ	מ
ש	ם	י	כ	ב	ת	צ	ס	ד	פ	ס	ס	ב	ד
ח	ר	ר	כ	א	ף	ה	י	מ	כ	ע	ף	ש	ט
ו	ח	ו	ם	ם	א	ו	ה	ש	ת	כ	ס	כ	צ
ר	י	ק	ת	פ	פ	ב	ר	ף	מ	ר	ח	ה	נ
ר	צ	ו	ר	כ	ו	ס	ל	ו	ע	ן	ד	ע	ס
ס	כ	צ	ל	ד	ר	ד	ג	מ	ד	ע	ן	פ	ף
פ	כ	ש	ר	ט	א	ג	ע	ו	מ	ן	ס	ב	ג
י	ף	צ	ע	ם	צ	ח	ת	כ	ל	ת	ן	כ	כ
ה	ם	ב	ע	ע	ח	ר	ח	נ	ח	ט	ס	כ	ר

בז'
שחור
כחול
חום
תכלת
פוקסיה
ירוק
אפור
ארגמן

כתום
ורוד
סגול
אדום
ספיה
ויולט
לבן
צהוב

32 - Climbing

ח	ן	א	ת	ג	ר	י	ם	ל	א	ע	ט	כ	מ
כ	א	ן	ף	ה	מ	ד	ל	ג	ו	ב	ה	ו	ג
נ	ע	ד	ם	ר	ג	ק	ר	ן	ו	ר	ה	ח	פ
מ	ל	מ	א	ט	ח	מ	ס	מ	י	ר	ג	צ	י
ג	כ	ר	פ	ם	ב	ר	ה	ד	ר	כ	ה	ט	י
מ	ם	פ	א	ם	ב	מ	ע	ר	ה	פ	נ	י	ם
ו	פ	ם	פ	א	ל	פ	צ	י	ע	ה	ט	ו	ד
מ	ת	מ	צ	ו	ב	י	מ	כ	צ	ג	ג	ל	ס
ח	ף	ש	פ	ח	ת	ז	פ	י	ר	י	ע	י	ט
ה	פ	ב	ן	ט	ב	י	ה	ם	פ	ס	ב	ם	ט
ס	ק	ר	נ	ו	ת	פ	ח	ב	ע	ה	ה	ו	ף
ל	כ	פ	ם	צ	ח	מ	ע	ף	ה	ע	ם	צ	ת
ף	ט	ח	ט	ש	ת	פ	ר	נ	ב	ד	ע	ב	ט
ת	ש	ב	ס	ב	ב	ב	צ	ע	פ	ף	מ	ל	ט

גובה
אווירה
מגפיים
מערה
אתגרים
סקרנות
מומחה
כפפות
מדריכים

קסדה
טיולים
פציעה
מפה
צר
פיזי
יציבות
כוח
הדרכה

33 - Shapes

ב	ח	ק	מ	ד	ה	נ	ג	ה	מ	צ	כ	כ	מ
ה	ד	ד	ש	ת	ת	י	ה	צ	ל	ל	ל	י	ש
ל	פ	ק	פ	ת	ג	ת	פ	מ	ב	צ	ת	כ	ו
כ	ח	ו	פ	י	נ	ה	ס	ר	ן	כ	ד	ר	ל
ף	ל	ב	ם	ג	ם	מ	ג	ף	ב	ח	מ	ב	ש
ג	ט	י	ם	פ	א	ב	ל	ק	צ	ו	ו	ת	פ
ק	ו	י	ף	צ	מ	ר	ג	ל	י	ל	ל	ן	ת
מ	ר	ה	ר	ף	ת	ח	ל	כ	פ	ה	ט	ה	ח
צ	א	ב	פ	ס	ר	ן	נ	ס	ף	ת	ן	ח	מ
ו	ל	ח	ר	ו	ט	מ	ע	ג	ל	צ	ג	ר	ע
ל	י	ף	י	ס	נ	פ	י	ר	מ	י	ד	ה	ק
ע	פ	מ	ז	ת	ח	א	ת	מ	ב	ר	ף	ם	ו
פ	ס	ר	מ	ת	ת	ב	כ	ל	ט	ת	ע	מ	מ
ט	ה	ל	ה	ס	פ	ש	ל	ף	כ	פ	ח	ת	ה

קשת
מעגל
חרוט
פינה
קובייה
עקומה
גליל
קצוות
אליפסה
היפרבולה

קו
סגלגל
מצולע
פריזמה
פירמידה
מלבן
צד
כיכר
משולש

34 - Scientific Disciplines

ג	י	א	ו	ל	ו	ג	י	ה	א	ב	ף	ם	א
ם	א	ב	ל	ש	נ	ו	ת	ה	ס	ר	ן	ה	י
מ	ר	ף	ס	ג	ל	ף	א	ג	ט	ח	ע	כ	מ
ת	כ	מ	ת	מ	ת	ע	כ	ש	ר	מ	ק	פ	ו
ת	א	ב	פ	ס	י	כ	ו	ל	ו	ג	י	ה	נ
ב	ו	ט	נ	י	ק	ה	ל	ם	נ	ל	נ	ף	ו
ח	ל	צ	ם	א	ז	ש	ע	ע	ו	ם	ס	מ	ל
ג	ו	צ	ב	כ	ל	י	ע	ד	מ	ג	י	כ	ו
פ	ג	ם	ר	א	נ	ט	ו	מ	י	ה	ו	נ	ג
ב	י	ו	ל	ו	ג	י	ה	ל	ה	ל	ל	י	י
ן	ה	כ	י	מ	י	ה	ן	ד	ו	ש	ו	ק	ה
נ	ו	י	ר	ו	ל	ו	ג	י	ה	ג	ג	ה	ס
ת	ר	מ	ו	ד	י	נ	מ	י	ק	ה	י	ן	כ
ר	ב	י	ו	כ	י	מ	י	ה	פ	פ	ה	ה	ן

אנטומיה
ארכאולוגיה
אסטרונומיה
ביוכימיה
ביולוגיה
בוטניקה
כימיה
גיאולוגיה
אימונולוגיה
קינסיולוגיה
בלשנות
מכניקה
נוירולוגיה
פיזיולוגיה
פסיכולוגיה
תרמודינמיקה

35 - School #2

ה	מ	צ	ה	ר	ו	מ	ע	ל	י	מ	ר	ת	פ
ט	ס	ת	נ	ה	ם	י	ר	פ	ס	ד	נ	ע	ע
א	פ	ב	צ	ס	פ	ל	ה	ן	פ	ע	י	נ	ף
ף	ר	ג	ת	ר	ת	ו	ח	ס	ר	ל	י	ל	ע
ג	י	ח	ו	ר	ה	ן	ס	ם	ו	ף	ר	ל	ב
ס	י	ן	ה	ק	פ	ס	א	י	ת	ע	א	ת	א
ו	ם	ט	ה	נ	ש	ח	ו	ל	ה	ש	ה	ף	ק
פ	ה	י	ר	פ	ס	ת	ל	ג	ק	ו	ד	ק	ד
י	ח	ף	ר	ף	ח	ף	ד	ב	ל	נ	ק	ח	מ
ש	ג	ת	א	ב	ל	מ	כ	ך	ו	נ	י	ח	י
ב	ח	כ	ס	ר	ן	ל	ע	ב	ש	ס	ש	א	ג
ו	ב	ע	פ	ד	פ	צ	ע	פ	ס	ב	צ	כ	כ
ע	א	ר	ל	ג	נ	כ	ד	ר	ב	צ	פ	ה	פ
ט	ש	צ	ס	ו	ב	ו	ט	ו	א	צ	ע	ג	כ

דקדוק
ספריה
ספרות
נייר
עיפרון
מדע
מספריים
אספקה
מורה
כופי שבוע

אקדמי
פעילויות
תרמיל
ספרים
אוטובוס
לוח שנה
מחשב
מילון
חינוך
מחק

36 - Science

פ	מ	ע	ב	ד	ה	ג	ח	ד	ת	ף	א	א	מ
י	ו	ע	ם	ף	ם	ר	ף	ה	מ	ח	ו	ח	א
ז	ל	ד	ה	ר	צ	כ	ב	ב	ד	ל	ר	נ	ו
י	ק	ד	כ	ת	ר	צ	י	ד	ע	ק	ג	י	ב
ק	ו	ט	ל	ב	ה	ג	מ	מ	ן	י	נ	ס	ן
ה	ל	ף	ע	נ	נ	א	ט	ח	י	ק	י	ו	צ
ה	ו	ט	ב	ע	ו	ב	ד	ה	י	י	ז	י	נ
נ	ת	ו	נ	י	ם	ו	ש	ן	ר	ם	ם	נ	צ
ח	ה	נ	ל	א	ק	ל	י	ם	ף	ס	ף	ם	ר
ה	א	ט	ו	ם	ת	ו	ט	ם	ב	ש	ת	ש	צ
כ	מ	ש	מ	ג	ת	צ	ה	ג	ח	ם	נ	ן	ל
צ	ם	ת	ח	כ	ם	י	מ	י	נ	ר	ל	י	ם
ל	ל	מ	פ	ר	ם	ה	ט	ה	ד	מ	ש	ע	כ
ע	ם	ף	ר	פ	ל	ת	ב	ם	ל	ח	א	ם	ת

אטום
כימי
אקלים
נתונים
אבולוציה
ניסוי
עובדה
מאובן
הנחה
מעבדה

שיטה
מינרלים
מולקולות
טבע
אורגניזם
חלקיקים
פיזיקה
צמחים
מדען

37 - To Fill

מ	נ	ה	מ	ב	ע	פ	ף	פ	ד	ע	צ	ר	ע
מ	ע	א	ל	ט	ס	ס	ד	ג	ע	כ	נ	ת	ש
ז	ף	ט	ב	נ	ס	ן	ת	י	ב	ה	צ	ף	ף
ו	א	מ	פ	ס	ח	כ	י	ס	ל	ש	נ	כ	ן
ו	א	ם	א	ה	ש	ב	ק	ב	ו	ק	ת	ד	ת
ד	ן	ף	ג	צ	ב	צ	י	נ	ו	ר	ש	מ	א
ה	א	א	ר	נ	פ	ב	ה	ת	מ	ט	כ	ל	צ
מ	ג	ש	ט	מ	פ	צ	ל	נ	פ	ו	ד	ח	ת
ל	ת	צ	ל	ח	ע	ה	ת	א	ף	ן	ן	ס	י
ן	מ	מ	ג	י	ר	ה	ן	ג	ר	פ	ר	פ	ק
א	נ	ד	ן	א	נ	ם	ע	ן	ה	ג	ב	מ	ם
ן	א	ב	ן	ד	ל	י	ה	ת	צ	ה	ז	ה	ט
ה	פ	ע	פ	מ	ג	ן	ב	ע	מ	ח	ט	ם	ף
א	ט	מ	צ	כ	ט	נ	ת	ת	א	מ	ג	ף	פ

תיק
חבית
אגן
סל
בקבוק
תיבה
דלי
קרטון
ארגז

מגירה
מעטפה
תיקיה
צנצנת
כיס
מזוודה
מגש
צינור
אגרטל

38 - Summer

ש	ה	ן	ב	ם	מ	ף	ח	מ	ד	ב	ח	ל	מ
פ	מ	צ	ד	כ	פ	ג	א	ס	ז	ד	ו	ש	ש
נ	ת	ח	צ	ל	י	ל	ה	ר	נ	ו	ף	ח	ח
א	צ	ת	ה	ם	ם	ת	צ	ף	ת	כ	ן	ו	ק
י	ם	ס	ל	ע	ה	כ	ו	כ	ב	י	ם	ת	י
ם	צ	ב	ד	א	ק	ר	ל	ף	ב	ב	ג	מ	ם
צ	נ	פ	ף	ט	מ	ש	פ	ח	ה	ר	ע	א	כ
ד	ח	נ	ס	ט	פ	נ	ע	י	ט	ס	ג	נ	ט
ל	ב	ס	נ	ס	י	ע	ו	ת	ה	פ	ן	ן	כ
ט	ר	מ	ד	פ	נ	מ	ו	ז	י	ק	ה	ר	ס
א	י	א	ל	ר	ג	ח	ו	פ	ש	ה	מ	ה	ג
ד	ם	ב	י	י	צ	ס	ט	ף	ה	ת	ח	ה	ש
כ	א	ע	ם	ם	ם	כ	ח	נ	ם	ת	ט	ה	מ
ל	ט	נ	ט	א	א	ש	פ	ג	ת	ב	מ	ר	מ

חוף
ספרים
קמפינג
צלילה
משפחה
מזון
חברים
משחקים
גן
שמחה

פנאי
מוזיקה
הרפיה
סנדלים
ים
כוכבים
לשחות
נסיעות
חופשה

39 - Clothes

ג	ף	ד	ד	מ	ב	צ	ב	צ	א	ס	א	א	כ
ה	ר	מ	ע	כ	צ	צ	מ	י	ד	ג	ג	ת	ף
כ	ת	ב	ט	נ	נ	ע	ל	ף	ט	צ	כ	כ	ש
ג	ל	נ	י	ס	פ	ג	י	כ	פ	פ	ו	ת	ר
כ	ו	ב	ע	י	ן	י	ת	ף	ס	י	ס	נ	ש
ף	ט	ג	א	י	ם	נ	כ	ס	י	ל	ג	ף	ר
ס	מ	ח	ח	ם	ף	ס	ש	ו	נ	ר	ף	מ	ת
נ	א	ו	פ	נ	ה	ר	י	ו	ר	ב	ה	ע	ה
ד	ח	ב	ש	מ	ל	ה	ט	ד	ח	ת	ט	י	פ
ל	ח	ו	ל	צ	ה	מ	י	ר	ש	ט	ע	ל	ח
י	ר	א	ד	ג	ח	א	ם	ם	ש	ת	מ	ג	צ
ם	פ	ח	ג	ו	ר	ה	ס	ע	ף	ג	ד	ל	א
ף	א	צ	ל	ד	ס	כ	ר	ר	ד	ל	מ	ט	י
ת	ב	ר	ן	ד	ח	ג	פ	ד	ח	ר	מ	ן	ת

שרשרת
פיג'מה
מכנסיים
סנדלים
צעיף
חולצה
נעל
חצאית
גרביים
סוודר

סינר
חגורה
צמיד
מעיל
שמלה
אופנה
כפפות
כובע
ג'ינס
תכשיטים

40 - Insects

ט	כ	ל	צ	ל	צ	ס	כ	ח	א	ג	ה	ש	נ
פ	ר	נ	ד	נ	מ	ל	ה	ג	ה	ט	ה	ד	צ
ר	ל	מ	י	ג	ט	ח	ג	ב	א	ן	א	ש	ע
ת	ל	צ	י	מ	ג	ם	ת	מ	נ	ש	ל	ח	צ
מ	ס	ט	צ	ט	ה	צ	ט	צ	ל	ם	כ	מ	ב
ש	ע	ר	ע	ש	פ	י	ר	י	ת	ש	ל	ף	ל
ה	ח	ל	ד	ת	פ	ק	ס	ת	א	ג	ל	ה	ר
ר	י	ר	נ	א	ר	ד	ב	ו	ר	ה	כ	מ	ח
ב	פ	ף	ם	א	פ	ה	פ	ש	ב	ף	מ	ן	ה
נ	ו	ף	כ	פ	ר	ע	ו	ש	ה	ט	מ	ק	ק
ו	ש	ף	ר	א	ל	ב	ז	ד	כ	ד	ם	ף	צ
מ	י	ד	ש	ע	ם	צ	ח	צ	ר	ע	ה	נ	א
ב	ת	ו	ל	ע	ת	כ	ל	ה	נ	מ	ן	ט	ט
ב	ע	ת	ה	פ	ח	ר	ד	ט	ה	מ	א	צ	ס

פרת משה רבנו
זחל
ארבה
גמל שלמה
יתוש
עש
טרמיט
צרעה
תולעת

נמלה
כנימה
דבורה
חיפושית
פרפר
ציקדה
מקק
שפירית
פרעוש
חגב

41 - Astronomy

ל	ש	ר	ם	י	ב	כ	ו	כ	ת	צ	ו	ב	ק
ו	ו	ר	ב	ג	ח	ג	ס	ב	ר	ג	ש	ם	כ
ו	ו	א	ב	ע	ל	ה	ב	ו	נ	ר	פ	ו	ס
י	י	ג	ם	ק	י	ח	ף	ס	ף	מ	כ	צ	צ
י	ו	ש	ס	ק	ק	ס	ם	ן	ת	ב	ף	א	צ
ן	ן	י	ש	ר	ו	ש	נ	ם	ל	א	פ	ג	כ
מ	ה	כ	כ	י	י	ס	ר	כ	נ	ס	צ	ד	נ
ט	ג	ת	ה	נ	ח	ה	ת	ב	א	ט	ו	ן	ם
א	ן	ר	ח	ה	מ	ע	י	ק	ר	ר	צ	מ	נ
ו	ג	א	ב	ת	ה	פ	צ	מ	ה	ו	ט	ר	צ
ר	ד	י	א	ו	ר	ט	ס	א	י	נ	נ	ע	ע
ל	ף	ת	י	ל	י	פ	ר	ע	ר	ו	נ	מ	מ
ג	ר	מ	כ	ם	ת	ץ	צ	מ	ח	ם	ן	ש	ש
ט	פ	נ	ם	ה	ט	ק	ר	ס	ו	מ	ס	ו	ק

ירח
ערפילית
המצפה
כוכב לכת
קרינה
רקטה
לוויין
רקיע
סופרנובה

אסטרואיד
אסטרונום
קבוצת כוכבים
קוסמוס
כדור הארץ
ליקוי חמה
שוויון
גלקסיה
מטאור

42 - Pirates

ט	נ	ג	ט	א	ג	ד	ה	צ	פ	כ	ת	מ	צ
ל	ם	ס	ם	י	ף	ד	ר	צ	ס	ח	א	ע	ו
ה	א	ט	ר	ל	ר	ה	מ	ח	כ	ף	ם	מ	ו
ר	א	ל	מ	ף	ם	ס	ד	פ	נ	ן	ד	ר	ת
פ	כ	ה	ד	ס	ה	מ	ע	ר	ה	ן	ם	צ	ו
ת	מ	ט	מ	ק	פ	ט	ן	ה	ב	ף	ב	מ	כ
ק	ה	ה	צ	ז	ה	ב	צ	ח	מ	כ	ד	ב	י
ה	מ	ט	צ	א	ף	ע	צ	ו	ר	ע	ו	ג	ן
מ	צ	פ	ן	ל	א	ו	נ	ף	ו	ב	ש	ן	ל
פ	ד	ע	ג	ב	ק	ת	ד	כ	ם	א	ו	צ	ר
ה	פ	א	ף	ל	א	ת	א	נ	ם	נ	ף	ט	ח
ת	ש	ס	ם	ת	ף	כ	ג	ע	ב	ן	ס	ה	ף
ת	כ	ס	צ	ם	פ	ם	ב	ר	ר	ס	ע	ע	כ
ף	ל	מ	פ	ע	צ	ל	פ	צ	צ	ב	ג	א	מ

הרפתקה
עוגן
רע
חוף
קפטן
מערה
מטבעות
מצפן
צוות
סכנה

דגל
זהב
אי
אגדה
מפה
תוכי
רום
צלקת
חרב
אוצר

43 - Time

ש	ת	ף	ן	פ	א	ט	ד	צ	נ	ר	מ	ט	ש
ב	נ	ר	ר	ח	ם	ס	ל	ה	ג	כ	ע	ת	ן
ט	ל	ו	ח	ש	נ	ה	ן	ר	ן	ג	ף	ס	ף
ש	פ	ס	ח	ף	ג	נ	ל	י	ל	ה	ש	פ	ם
ע	נ	פ	כ	פ	ח	א	ן	י	ח	א	נ	כ	ש
ו	י	ת	ע	מ	ו	ק	ד	ם	ט	ש	ה	ד	ש
ן	ה	ב	י	ע	ד	ב	ק	ר	ו	ב	ג	ח	ס
מ	א	ה	ש	כ	ש	ו	ה	נ	ם	ו	פ	ט	ב
ר	ג	צ	ן	ש	ס	ק	ג	ע	ל	ע	ש	ו	ר
ש	ף	צ	ש	י	נ	ר	ע	ר	כ	י	ת	ג	ג
ת	ם	ד	א	ו	ג	ש	ש	ה	ב	ו	ר	י	ג
ה	ח	ן	פ	פ	ם	ע	ע	ע	י	ם	א	ט	ד
ם	ש	נ	פ	ם	ב	ש	ה	ד	ר	ו	פ	ש	ד
ע	ף	ה	צ	ל	ה	ב	פ	נ	צ	כ	ם	פ	ח

דקה
חודש
בוקר
לילה
צהריים
עכשיו
בקרוב
היום
שבוע
שנה

שנתי
לפני
לוח שנה
מאה
שעון
יום
עשור
מוקדם
עתיד
שעה

44 - Buildings

א	כ	א	ס	ם	ר	ף	ש	נ	ש	ב	ם	ט	א
מ	ל	ו	ן	ת	פ	ע	ג	פ	ט	י	ף	מ	ו
ו	ם	צ	ש	ט	ף	ש	צ	ת	ל	ת	ן	פ	נ
ז	מ	ד	ס	צ	ת	ס	ף	א	ג	ס	ד	ע	י
י	פ	צ	ט	א	ט	ת	ס	ף	ח	פ	ן	ע	ב
א	ב	ס	ת	י	א	ט	ר	ו	ן	ר	מ	ל	ר
ו	ג	ם	ש	ג	ר	י	ר	ו	ת	ט	ר	א	ס
ן	ס	מ	ג	ד	ל	ה	מ	צ	פ	ה	ד	ס	י
ק	צ	פ	ב	י	ת	ח	ו	ל	י	ם	מ	ר	ט
ל	ו	ע	ס	ר	ג	ס	מ	ס	מ	ע	ב	ד	ה
ר	ם	ל	מ	ה	ב	ת	צ	ר	ט	צ	ש	ל	ש
ת	ה	ם	נ	ל	ג	ר	א	ו	ה	ל	ט	כ	כ
ל	ש	ס	ס	ו	פ	ר	מ	ר	ק	ט	ם	כ	ל
פ	מ	ה	ע	ף	ע	ם	א	צ	ט	ד	י	ו	ן

דירה
אסם
תא
טירה
קולנוע
שגרירות
מפעל
בית חולים
הוסטל
מלון

מעבדה
מוזיאון
המצפה
בית ספר
אצטדיון
סופרמרקט
אוהל
תיאטרון
מגדל
אוניברסיטה

45 - Herbalism

ף	ד	ש	ר	ו	ז	מ	ר	י	ן	מ	נ	צ	ל
ק	פ	ט	ר	ו	ז	י	ל	י	ה	ע	פ	ב	ד
ו	פ	ע	ז	א	ו	ר	ג	נ	ו	ח	ח	א	פ
ל	ר	ם	ע	ף	מ	ו	ע	י	ל	ת	ש	ו	ב
י	ח	ר	פ	ע	צ	ק	ע	א	ל	מ	ו	ב	ט
נ	ד	ש	ר	ע	א	ל	ב	ן	ף	כ	מ	ם	ן
ר	ן	ג	ן	ן	ר	ט	ל	ב	נ	ד	ר	ן	ט
י	פ	ר	ג	צ	ו	י	ר	כ	ב	כ	מ	ד	ה
ה	צ	צ	ס	ג	מ	ג	ח	ג	ט	ד	י	ה	ר
נ	א	נ	כ	פ	ט	ח	ס	ן	ו	פ	ו	צ	ם
ת	ט	מ	ר	כ	י	ב	נ	נ	א	ן	ר	ש	ג
ט	ם	נ	ל	ח	ן	א	נ	ה	מ	נ	ן	ג	פ
ה	ח	ט	ם	ת	ג	ר	כ	נ	כ	כ	ר	א	כ
ם	צ	ה	ר	ר	ל	ד	ה	ג	פ	כ	ע	ה	ן

ארומטי
ריחן
מועיל
קולינרי
שומר
טעם
פרח
גן
שום
ירוק

מרכיב
לבנדר
מיורן
מנטה
אורגנו
פטרוזיליה
צמח
רוזמרין
זעפרן
טרגון

46 - Toys

מ	ל	א	כ	ת	י	ד	ד	מ	ת	ד	פ	ח	ב
ש	מ	ש	א	י	ת	ד	ר	ב	ש	ו	ע	ב	ן
ח	ה	ש	ע	ן	נ	נ	ע	ד	מ	ה	פ	נ	ב
ק	ל	ח	ל	ל	נ	ת	ת	ג	ם	ש	י	י	כ
י	ד	מ	י	ו	ן	כ	צ	ט	ט	ס	פ	צ	ם
ם	כ	ט	ע	ע	ע	ת	ס	ד	מ	כ	ו	ב	ט
ע	מ	פ	כ	פ	צ	ד	ב	פ	ג	ג	ן	ע	ה
א	ט	ס	ד	ד	ח	ה	ת	ש	ס	ג	מ	י	ב
ר	ו	ב	ו	ט	נ	ב	א	ר	ש	א	ל	ם	ג
ב	ס	פ	ר	י	ם	מ	כ	ו	נ	י	ת	ל	ח
ב	ע	ש	נ	ב	ח	א	ע	ת	ג	צ	פ	ש	ר
ת	ו	א	ד	י	כ	ה	ף	ב	ה	ח	ס	ש	ס
ף	מ	ב	פ	ש	י	ד	ל	ש	ס	י	ר	ה	ח
מ	ל	א	ה	ו	ב	ם	ט	ן	ת	מ	צ	ף	ס

מטוס
כדור
אופניים
סירה
ספרים
מכונית
שחמט
חרס
מלאכת יד
בובה
תופים
אהוב
משחקים
דמיון
עפיפון
צבעים
רובוט
רכבת
משאית

47 - Vehicles

נ	ט	ר	ג	ה	מ	ש	א	י	ת	ב	ה	ג	צ
ה	ף	ה	ן	ח	ס	ט	ד	ן	ש	ד	צ	ר	ו
ר	כ	ב	ת	ת	ח	ת	י	ת	ר	א	ר	כ	ל
ק	ע	ל	א	ם	ד	ח	ש	ק	מ	מ	ס	ם	ל
ט	ר	ק	ט	ו	ר	ה	א	ד	ר	ב	מ	ת	ת
ה	פ	כ	ק	ט	נ	ו	ע	ח	ם	ו	א	ת	ן
מ	מ	ס	ו	ק	ט	מ	נ	ו	ע	ל	ו	ח	ה
ט	כ	ע	צ	מ	י	ג	י	ם	מ	נ	פ	א	צ
ו	ה	ו	ב	כ	צ	פ	מ	ל	ס	ס	נ	ה	ן
ס	א	ס	נ	ו	נ	נ	ו	א	ם	ט	י	ס	ן
ה	ת	צ	ס	י	ר	ה	נ	ב	א	ר	י	ע	ף
ב	א	כ	ר	ן	ת	ת	י	ם	ת	ן	ם	ו	נ
ר	פ	ס	ו	ד	ה	ב	ת	פ	ב	ם	נ	ת	ע
ר	ס	ש	ב	א	ו	ט	ו	ב	ו	ס	ף	ח	ף

מטוס
אמבולנס
אופניים
סירה
אוטובוס
מכונית
קרוואן
מעבורת
מסוק
מנוע

רפסודה
רקטה
קטנוע
הסעות
צוללת
רכבת תחתית
מונית
צמיגים
טרקטור
משאית

48 - Flowers

פ	ז	ל	צ	פ	מ	ח	ל	י	ל	ך	ג	ף	ג
נ	ר	ק	י	ס	ו	ג	מ	פ	מ	מ	ר	נ	ן
ע	נ	ג	ד	י	ר	ל	נ	נ	ג	ן	ד	ם	ס
ב	פ	ד	ב	פ	ד	נ	ה	ו	י	נ	נ	ה	ש
ש	ו	ש	ן	ל	י	ר	י	א	ל	ת	י	י	א
ת	ל	ת	ן	ו	י	ט	ב	צ	כ	י	ה	ס	ל
ט	ב	ה	ש	ר	ז	ג	י	ם	מ	ה	ה	מ	ב
כ	א	צ	פ	ה	י	ש	ס	ח	ל	ע	ב	י	נ
א	ד	מ	ו	נ	י	ת	ק	ד	ה	ה	ט	ן	ד
ס	ט	ה	מ	צ	ב	ע	ו	נ	י	צ	ש	ש	ר
ח	ן	ח	ט	ן	א	ס	ס	ש	כ	ח	ם	ן	ה
ל	ש	ן	ה	א	ר	י	ף	ם	כ	ד	ע	ע	מ
ב	ח	ן	א	ג	כ	ע	ל	י	כ	ו	ת	ר	ת
ב	ה	ה	ם	פ	ד	מ	ן	ן	ל	כ	ן	ם	ם

זר
תלתן
נרקיס
דייזי
שן הארי
גרדניה
היביסקוס
יסמין
לבנדר
לילך

שושן
מגנוליה
סחלב
פסיפלורה
אדמונית
עלי כותרת
פרג
ורד
חמנית
צבעוני

49 - Town

פ	ג	כ	ט	נ	ס	ת	ב	נ	ק	ף	ב	מ	א
ח	נ	ו	ת	ס	פ	ר	י	ם	א	ע	נ	א	ו
ש	נ	א	נ	ח	ד	א	ת	א	צ	ג	ל	פ	נ
ת	ב	ר	ב	נ	ן	פ	מ	ס	ט	ל	מ	י	י
ט	ס	ל	ש	ו	ק	ת	ר	א	ד	ר	כ	י	ב
כ	ס	ח	ת	ת	ו	ם	ק	ר	י	י	ו	ה	ר
כ	ס	ב	ח	ה	ל	ס	ח	צ	ו	ה	ר	ן	ס
ד	נ	ס	ג	פ	נ	ו	ת	כ	ן	ת	פ	ר	י
ש	ד	ה	ת	ע	ו	פ	ה	ס	כ	כ	נ	ג	ט
ש	ד	כ	ף	ס	ע	ר	ר	ט	פ	ח	ן	ל	ה
מ	ל	ו	ן	ה	צ	מ	ל	ח	צ	ר	ע	ש	ג
ב	י	ת	ס	פ	ר	ר	פ	ן	י	ד	י	ב	ם
ג	ן	ח	י	ו	ת	ק	ר	ב	ס	ם	ש	ה	ע
מ	ר	פ	א	ה	ח	ט	מ	ו	ז	י	א	ו	ן

שוק
מוזיאון
בית מרקחת
בית ספר
אצטדיון
חנות
סופרמרקט
תיאטרון
אוניברסיטה
גן חיות

שדה תעופה
מאפייה
בנק
חנות ספרים
קולנוע
מרפאה
פרחים
גלריה
מלון
ספריה

50 - Antarctica

ג	מ	ח	ם	ה	י	פ	ר	ג	ו	א	ג	מ	מ
ן	ן	ד	פ	ר	ו	מ	י	ש	ל	ח	ד	י	פ
ט	נ	ר	ק	ו	ח	ם	י	נ	נ	ע	נ	ף	ר
ח	ף	ף	ל	ק	ב	ת	ש	ב	י	ר	ג	פ	ץ
ף	ט	מ	ר	י	מ	ה	כ	ט	ל	ג	ע	ל	א
ס	ד	ט	פ	א	י	ר	ו	י	ח	ר	ק	ם	ג
ח	ט	כ	ח	ד	ם	פ	ם	ד	צ	ע	ר	ב	פ
ס	ש	ד	צ	ם	ו	ר	פ	ש	י	ר	ח	כ	ה
ג	ב	ג	ה	ג	ס	ן	ן	ט	ה	ן	ו	מ	ט
ש	פ	ב	ר	מ	ב	ם	י	י	א	ר	נ	ד	פ
ן	צ	פ	ה	ם	י	ר	ו	פ	י	צ	י	ד	ס
ג	י	ר	א	ן	ב	ת	ח	ל	ש	מ	ם	ף	ט
ה	ל	ם	ת	א	ה	ש	ח	ר	ה	ר	י	ג	ה
נ	ט	ט	ג	מ	צ	ה	ר	ו	ט	ר	פ	מ	ט

איים
הגירה
מינרלים
חצי האי
חוקר
רוקי
מדעי
טמפרטורה
טופוגרפיה
מים

מפרץ
ציפורים
עננים
שימור
יבשת
סביבה
משלחת
גאוגרפיה
קרחונים
קרח

51 - Ballet

ש	י	ע	ו	ר	י	ם	ע	ת	ט	מ	פ	מ	ם
צ	ר	צ	ס	ג	פ	ס	כ	נ	ר	ת	נ	ב	ס
מ	י	ו	מ	נ	ו	ת	ו	ד	ל	ג	ר	י	ש
ש	ש	ל	ר	ס	ח	ז	ר	ה	ט	פ	ו	ע	ד
ר	ק	ד	נ	י	ם	ה	י	נ	כ	מ	ד	ל	ח
י	ש	ה	ע	ם	ט	ב	א	מ	נ	ו	ת	י	ע
ר	ח	ל	ל	ל	מ	ס	ו	ח	י	ז	ז	צ	ט
י	ף	ב	כ	ט	ת	ד	ג	ה	ק	י	מ	נ	ס
ם	א	ט	ת	ף	א	ר	ר	נ	ה	ק	ו	ף	ל
א	ל	ג	נ	מ	ם	ב	פ	ק	ו	ה	ר	מ	א
מ	מ	ס	ו	ל	ו	מ	י	צ	א	ן	ת	פ	ל
ף	ט	ג	ר	ח	ב	ד	ה	ב	מ	ח	ו	ו	ה
ח	י	נ	נ	י	ט	נ	ם	ל	ה	ן	ש	ס	ח
ף	ש	נ	ל	ן	ף	ע	ו	צ	מ	ת	ט	כ	כ

אמנותי
קהל
כוריאוגרפיה
מלחין
רקדנים
מביע
מחווה
חינני
עוצמת
שיעורים

שרירים
מוזיקה
תזמורת
תרגול
חזרה
קצב
מיומנות
סולו
סגנון
טכניקה

52 - Human Body

ש נ צ מ ט מ כ מ ג ר ת ת ד צ
ט ק פ ר מ נ ת ע א ג ף ש א ד
ט ט פ ג ש ר ף ג מ ר ן ש א ר
א פ ן ל ה פ נ ף א ש ע ח ח ן
ט ב ס ם ד ע ן פ ש ן כ ל ע ם
ט ת צ ע ב צ א פ ק א ש א פ ד
ש ע א ו צ מ ס פ ר מ ח ף ע ף
מ ה פ ר ו ו נ ג ס מ ר ס א ף
נ ם א ח ו ת ט ש ו ג ח ש מ ח
ט א ו ט א ע ר ת ל פ ע ג ן נ
פ נ ז ע ר ף ח פ ל נ צ ע א ף
מ ש ן ר מ מ ה ן ג י ה ל ד י
ד ט ן ן ף ב ר ט ג ם ב ך ר ב
נ ם ב מ ד ר ג ד ג א ב ל ה ט

ראש
לב
לסת
ברך
רגל
פה
צוואר
אף
כתף
עור

קרסול
דם
עצמות
מוח
סנטר
אוזן
מרפק
פנים
אצבע
יד

53 - Musical Instruments

פ	מ	ת	ר	ר	א	ם	ן	פ	ע	פ	ס	ח	ח
א	כ	ו	פ	ע	ש	מ	ש	ת	ט	ס	ג	ל	א
ע	מ	ף	א	מ	א	ס	פ	ח	ע	נ	ל	י	ם
ב	ק	מ	ג	ב	ג	א	ב	ו	ב	ת	ם	ל	כ
ק	ל	ר	י	נ	ט	מ	ט	ס	כ	ר	ה	ה	ט
ר	ו	י	ט	ב	נ	ח	ח	ר	ו	ף	כ	צ	ש
ע	ת	ם	ר	ל	ח	ן	צ	ל	ו	ן	ס	ם	ד
ש	ת	ס	ה	ת	ב	ת	ו	ף	ת	מ	ף	צ	ן
ב	י	כ	ק	ר	פ	ט	צ	ף	ף	ש	ב	ם	ה
נ	פ	י	ל	ס	ף	מ	ר	י	מ	ב	ה	ו	ע
ג	ו	נ	ג	ן	ו	ה	ה	ד	ע	ט	ט	נ	ן
ו	ף	ו	ף	פ	מ	פ	ו	ח	י	ת	א	ש	ה
ה	צ	ר	ט	ר	ן	ד	ו	ד	ע	כ	ב	ח	ה
מ	נ	ד	ו	ל	י	נ	ה	ן	ר	כ	ם	פ	ב

בנג'ו
בסון
צ'לו
קלרינט
תוף
מקלות תיפוף
חליל
גונג
גיטרה
מפוחית

נבל
מנדולינה
מרימבה
אבוב
פסנתר
סקסופון
תוף מרים
טרומבון
חצוצרה
כינור

54 - Fruit

א	ע	ה	ס	ס	ן	צ	ף	ם	ף	ל	ף	ר	ה
מ	ב	ד	ן	ס	א	ם	ת	ס	ה	ס	ש	ף	ן
ן	ג	ו	ת	א	נ	ה	ם	מ	פ	פ	א	י	ה
ס	ע	ב	ק	פ	ף	ף	מ	נ	ג	ו	פ	ל	פ
ח	ת	ד	י	ד	ו	ה	ש	ל	ג	ב	ר	י	ש
ף	א	ב	ו	ן	ו	ח	מ	א	נ	נ	ס	מ	נ
ב	ת	ן	ו	פ	ט	ל	ש	ג	ק	ר	ק	ו	ם
נ	ג	ו	י	א	ב	ה	ג	ס	ט	מ	מ	ן	ל
נ	ב	ש	ת	ד	ת	מ	צ	ב	ר	ת	ל	פ	ד
ה	נ	כ	ל	ע	פ	ר	ה	ש	י	ש	א	ו	ג
ה	ש	ס	ף	ת	ג	ט	ר	פ	נ	ף	כ	ע	ן
ב	א	ט	א	ס	ה	ר	כ	ף	ה	ג	פ	ם	ב
ק	ו	ק	ו	ס	ש	מ	ת	ף	ג	ם	ח	ח	ש
מ	ש	ח	ת	ע	כ	ל	ט	ף	ד	ט	ג	פ	ן

תפוח
משמש
אבוקדו
בננה
ברי
דובדבן
קוקוס
תאנה
גפן
גויאבה

קיווי
לימון
מנגו
מלון
נקטרינה
פפאיה
אפרסק
אגס
אננס
פטל

55 - Virtues #1

ן ר ק ס א פ ש מ ה ג כ ד ד ג
א ן ת נ ל ח צ ח ו ט ב י ד נ
י ם ג ק ן ח ל כ ת ל י ע ו מ
ע ה ר י י כ צ ם ע צ מ צ ל ע
י ל ת ק ף נ ד צ ת כ ף מ ט ש
ל ף מ ח ו ב ו ט ן י מ א נ י
ג מ ש ע נ ח ל ס ד ת ק י ח ד
ע א א א נ א י נ ל ב ס פ כ צ
ד ט נ ד מ ש ש ב ת ע י ר כ מ
ת ג ע נ ב ת ר ב א ס ם ג ש מ
ט ח ו ן ם ד ר ר ת ט ת ל ן ר
ג ת ג ם א ד ע נ ש פ ב פ ע ד
י צ א ט א ם ג ת ה ן צ ל ג ס
א כ נ ג א ס ל ם צ כ פ א ב ה

טוב
מועיל
עצמאי
צנוע
סבלני
מעשי
אמין
חכם

אמנותי
מקסים
נקי
בטוח
סקרן
מכריע
יעיל
מצחיק
נדיב

56 - Kitchen

ח	ת	ש	נ	מ	כ	מ	ם	צ	כ	ג	ל	ג	ס
מ	ף	ה	ן	ת	ק	ז	ח	נ	ד	פ	מ	ס	ן
ת	ק	ל	א	כ	ו	ל	כ	צ	ב	ט	ק	ט	ם
נ	ב	ר	ג	ו	מ	ג	ו	נ	כ	א	פ	ף	ג
ו	ן	ל	ר	ן	ק	ו	ע	ת	כ	פ	י	ו	ת
ר	ח	ש	י	ד	ו	ת	א	ר	א	ס	א	ד	א
ת	ת	ת	ל	נ	ם	ש	ט	ת	ל	כ	ע	א	ש
מ	ר	ה	מ	צ	י	פ	א	ש	ט	י	י	ס	פ
ף	ח	ס	פ	ו	ג	ם	מ	ת	ג	נ	מ	ל	ב
מ	א	י	י	ם	ג	כ	ז	פ	ת	י	ת	ס	ה
ם	ד	נ	ת	ס	ל	ש	ו	ח	ש	ם	ע	ס	ן
ב	ר	ר	נ	ח	ת	ף	ן	ם	א	כ	כ	ד	פ
ק	ע	ר	ה	ס	כ	ו	ס	ו	ת	ה	צ	ף	ם
ר	ל	ע	ת	ת	מ	ף	ג	ס	ם	ח	נ	ר	ר

סינר
קערה
מקלות אכילה
כוסות
מזון
מזלגות
מקפיא
גריל
צנצנת
כד

קומקום
סכינים
מפית
תנור
מתכון
מקרר
תבלינים
ספוג
כפיות
לאכול

57 - Art Supplies

ה	ם	ר	ש	ח	פ	מ	ב	ר	ש	ו	ת	פ	צ
מ	ב	ע	מ	ת	ח	ר	ס	ג	ה	נ	כ	ס	ב
ח	ן	ן	ן	ר	ם	מ	כ	ל	ם	ת	ע	ט	ע
ן	ם	ת	ף	פ	צ	ט	ג	ר	א	ב	נ	ל	י
ט	כ	ה	כ	ג	ל	ב	פ	ן	ק	ש	ף	י	מ
י	ן	ל	ט	מ	צ	ל	מ	ה	ר	ע	ת	ם	י
נ	צ	ב	ע	י	ם	ה	ל	ג	י	א	כ	צ	ם
ג	י	י	א	מ	ר	ר	ב	ם	ל	כ	מ	ס	מ
ס	ו	ב	ר	א	ף	ן	נ	נ	י	א	מ	מ	ן
ד	ר	ם	פ	ת	כ	י	ס	א	ק	ד	ב	ק	ג
ם	כ	ס	צ	ן	י	נ	ר	ט	כ	ח	י	צ	ש
מ	ח	ק	מ	ע	ל	ו	י	ר	א	ד	כ	ו	ם
ן	ר	ע	י	ו	נ	ו	ת	י	נ	צ	ח	מ	ד
ס	פ	פ	ם	ג	ח	ד	ע	פ	ר	ו	נ	ו	ת

אקריליק
מברשות
מצלמה
כיסא
פחם
חרס
צבעים
יצירתיות
כן ציור
מחק

דבק
רעיונות
דיו
שמן
נייר
פסטלים
עפרונות
טבלה
מים
צבעי מים

58 - Science Fiction

ה	ט	ל	ט	ר	ם	ב	ם	פ	פ	ט	ט	ט	כ
מ	כ	ח	ף	נ	ם	ג	מ	כ	א	ד	ד	צ	י
ב	נ	ש	ל	א	ש	ל	י	ה	ע	ו	ל	ם	מ
פ	ו	ע	ע	ט	ש	מ	ס	ב	ר	ס	פ	ם	י
נ	ל	ם	ד	ו	ד	י	ס	ט	ו	פ	י	ה	ק
ט	ו	ל	ד	מ	נ	ח	ב	ת	ב	ר	צ	ן	ל
ס	ג	ט	צ	י	י	א	ף	ד	ו	י	ו	ק	י
ט	י	מ	כ	ע	ן	ו	ש	ע	ט	ם	ץ	י	ם
י	ה	ג	מ	ב	צ	ט	נ	ת	י	א	ח	צ	פ
ק	ו	ל	נ	ו	ע	ו	ס	י	ם	ו	ד	ו	ף
ס	ל	ק	ט	ש	ב	פ	ט	ד	ב	ר	צ	נ	ע
ד	מ	ס	ת	ו	ר	י	כ	נ	ה	ק	פ	י	פ
ה	ע	י	ט	ם	ם	ה	ש	י	נ	ל	נ	ע	ע
ר	כ	ה	כ	ו	כ	ב	ל	כ	ת	ף	ב	ל	ע

אטומי
ספרים
כימיקלים
קולנוע
דיסטופיה
פיצוץ
קיצוני
פנטסטי
אש
עתידני

גלקסיה
אשליה
דמיוני
מסתורי
אורקל
כוכב לכת
רובוטים
טכנולוגיה
אוטופיה
עולם

59 - Kindness

מ	נ	ל	ם	ד	ע	ט	ף	ר	א	ק	ר	ה	ח
א	ר	א	ט	ב	כ	ד	ח	מ	פ	ה	ש	צ	ח
פ	ט	ה	נ	י	ד	י	ד	ו	ת	י	כ	ו	י
ה	ם	ו	ב	ט	מ	ר	נ	ע	ו	מ	ל	נ	ב
ג	כ	ב	ו	ד	ס	ח	ף	י	ח	ע	ת	א	ה
ס	ש	ר	ף	צ	ב	ו	ג	ל	ש	א	ת	פ	ח
ס	ו	ב	ל	נ	י	ם	ה	ב	נ	ה	מ	ם	ס
ב	ה	ן	ג	ט	ר	כ	ע	כ	ת	כ	ק	י	א
ל	ת	ה	צ	ת	י	ע	מ	נ	ע	ם	ו	ה	ן
נ	ת	ר	ע	ב	פ	ת	ם	ע	ד	ד	ר	ש	א
י	ש	נ	ן	פ	נ	ע	ה	ד	ד	ס	י	מ	ר
ט	ס	ד	נ	ד	י	ב	פ	י	ב	ה	ה	ח	ב
ל	ם	מ	ר	ב	ם	ב	ב	ן	נ	ם	פ	ח	ה
ש	צ	כ	ף	ן	ב	מ	ה	ה	ט	ן	ד	ג	ב

חיבה
קשוב
רחום
ידידותי
נדיב
עדין
מקורי
שמח
מועיל

כנה
מסבירי פנים
לאהוב
סבלני
פתוח
אמין
כבוד
סובלני
הבנה

60 - Airplanes

ש	ג	ה	נ	ם	כ	נ	מ	ע	מ	ף	מ	ט	ה
ג	ו	כ	ן	ו	ל	ב	ד	ב	ה	נ	ט	ס	פ
ב	ב	ה	ת	י	ח	נ	ח	ן	ו	ו	י	כ	פ
ן	ה	ט	ר	ד	ת	ם	פ	ע	ת	ס	מ	ש	מ
ר	ה	י	ר	ו	ט	ס	י	ה	ר	ע	ס	ח	ם
א	ה	י	י	נ	ב	צ	ם	ב	א	א	ל	ט	ת
ד	נ	ס	ה	פ	ו	ד	ט	ה	ק	ת	פ	ר	ה
ד	ט	ת	ף	ב	ב	ש	פ	פ	ר	ד	ם	ק	נ
מ	ל	צ	מ	ט	ש	ב	ל	ם	ב	ד	י	י	צ
י	ש	ב	ת	מ	ר	נ	ס	ש	כ	ר	ף	ע	ח
מ	ס	ג	ש	ת	ה	ע	ח	ם	י	פ	פ	א	א
ן	ה	ג	כ	צ	ע	ק	ל	ד	ה	ע	ד	ה	ש
ס	ש	ר	י	ו	ו	א	ה	ה	ר	י	ו	ו	א
נ	ח	ח	ף	ח	ם	ן	א	ד	ר	ת	ו	ו	צ

הרפתקה
אוויר
אווירה
בלון
בנייה
צוות
ירידה
עיצוב
כיוון
מנוע

דלק
גובה
היסטוריה
מימן
נחיתה
נוסע
טייס
מדחפים
רקיע
סערה

61 - Ocean

ח	ש	צ	ש	ם	ת	ב	ג	ת	ד	ד	ס	ל	ב
ע	ח	ט	ו	ר	ף	ם	ם	ג	ג	ל	י	ם	ס
א	ח	ד	נ	פ	י	מ	צ	ט	ם	ל	ן	כ	פ
ל	צ	ד	י	פ	ף	מ	ד	ו	ז	ה	נ	ל	ג
מ	ל	ו	ת	ר	ד	ס	פ	ל	ו	ו	י	ת	ן
ו	ו	ל	ת	ף	ש	ט	ה	ס	ד	ף	ה	ג	מ
ג	פ	פ	מ	ל	ח	ו	ר	פ	צ	מ	ג	א	ן
צ	ח	י	נ	ן	ל	נ	ר	ו	ב	ר	צ	ו	ע
ש	ש	ן	ו	ב	א	ה	ה	ג	ש	ר	ח	ת	ב
ס	ת	מ	ן	ף	ג	א	א	צ	ן	ם	י	ו	ר
ס	ר	ט	ן	ם	ת	ט	ס	ב	א	צ	ף	ש	ם
ג	ס	ש	ס	ג	נ	ט	ב	ף	כ	מ	ב	פ	ג
ס	ג	מ	ח	נ	צ	ב	ף	ג	ה	ב	ר	ל	ח
ס	ע	ר	ה	פ	ל	ב	ט	ן	ף	פ	ד	ח	ף

אצות
אלמוג
סרטן
דולפין
צלופח
דג
מדוזה
תמנון
צדפה
שונית

מלח
כריש
שרימפס
ספוג
סערה
גאות ושפל
טונה
צב
גלים
לוויתן

62 - Birds

ק	ח	ב	נ	ת	ח	ב	ר	פ	ן	א	ק	ו	ט
ו	ף	ס	ל	ד	ע	ד	פ	י	ח	צ	ס	מ	ל
ק	ף	ח	ש	כ	א	ל	ץ	נ	ס	ב	ן	צ	ף
י	ט	ל	כ	פ	מ	ג	ם	ג	י	א	נ	ק	ש
י	ל	ף	ר	י	ה	צ	ט	ו	ד	נ	ש	ע	ר
ה	ב	ן	נ	ם	ן	ם	ג	ו	ה	פ	ר	נ	ט
ב	ת	ג	ב	ע	ש	ה	ח	י	ב	ה	ח	ף	ו
נ	ו	צ	י	ו	ף	ה	ס	ן	ה	ג	מ	ג	ו
מ	כ	ם	צ	ר	ן	ע	ט	ס	ג	כ	ה	י	ס
מ	י	ף	ה	ב	ל	ח	ן	ד	ף	ו	ע	ן	ת
ט	ה	מ	ר	ר	ן	ס	ע	ר	ם	ן	ם	ד	ם
ע	ה	ב	ת	ו	ד	ז	ו	ו	א	א	ף	ד	ד
צ	ו	נ	א	ו	נ	ב	ב	ר	ת	ס	ר	נ	ג
ר	ט	ד	מ	ז	ל	ג	ס	ת	מ	ג	ל	ח	מ

אנפה
יען
תוכי
טווס
שקנאי
פינגווין
דרור
חסידה
ברבור
טוקאן

עוף
עורב
קוקייה
ברווז
נשר
ביצה
פלמינגו
אווז
שחף
נץ

63 - Art

ס	ו	ר	י	א	ל	י	ז	ם	פ	מ	ה	ט	ג
ס	פ	א	ח	ס	ל	נ	ן	ד	ל	ר	ש	ד	ף
ל	ם	כ	ג	נ	ת	ר	צ	ס	כ	ש	ר	א	ן
צ	פ	כ	ל	ג	ט	ח	ת	ע	כ	ב	א	ח	ב
ס	ן	ס	פ	ח	מ	צ	צ	ס	ח	נ	ה	כ	ש
ג	ה	א	ט	ז	צ	ע	ה	כ	ף	ו	ה	כ	ס
ת	ל	ג	ד	ו	ב	נ	מ	ה	פ	ש	ו	ט	ט
פ	א	ש	מ	ת	ר	ב	ק	ט	פ	א	ן	צ	צ
ב	י	ט	ו	י	ו	ר	ה	ר	כ	ב	ר	ה	י
א	ש	ס	ת	ט	ח	ע	ם	ן	מ	ט	נ	מ	ו
ם	י	מ	ו	ר	כ	ב	ל	ם	ש	י	ר	ה	ר
ד	ן	ל	מ	ל	ם	ל	א	ט	ן	ט	ק	א	י
ח	ט	א	פ	ג	ן	ם	ד	ד	ד	ע	ה	ה	ם
ח	ב	ם	ס	מ	ק	ו	ר	י	צ	ת	ר	ס	ע

קרמיקה
מורכב
הרכב
ביטוי
דמות
כנה
השראה
מצב רוח
מקורי

ציורים
אישי
שירה
פיסול
פשוט
נושא
סוריאליזם
סמל
חזותי

64 - Nutrition

ע	ע	ש	ם	ס	פ	צ	ב	ל	ת	ה	ע	ת	ת
ד	ד	ר	ן	ל	פ	מ	א	ת	ג	ר	צ	פ	ס
ט	ד	ג	מ	ה	צ	ף	ת	פ	ט	ט	ג	ל	י
ג	ח	צ	ן	א	פ	ח	מ	י	מ	ו	ת	ם	ס
ב	ה	ן	ף	י	ק	ל	ו	ר	י	ו	ת	ט	ה
צ	ת	ד	מ	כ	ה	ב	ר	י	א	ו	ת	ד	ה
ס	ע	י	כ	ו	ל	מ	ו	ר	י	ר	ס	ט	מ
ס	ס	א	א	ת	מ	נ	נ	ע	ש	ס	ט	ד	ל
ף	כ	ט	כ	ב	ר	י	א	ל	ן	ש	ה	מ	מ
ף	ם	ה	י	ש	ו	ם	ש	ן	מ	א	ח	ש	א
ה	ר	ג	ל	י	ם	ן	א	ה	נ	ז	צ	ק	ו
ן	א	פ	ף	ג	ו	י	ט	מ	י	ן	י	ל	ז
ד	ג	ל	פ	ש	א	מ	ל	ע	ר	נ	ס	ן	ן
ב	ה	ר	ו	ט	ב	נ	ט	א	ם	ע	נ	ט	א

תיאבון
מאוזן
מריר
קלוריות
פחמימות
דיאטה
עיכול
אכיל
תסיסה
טעם

הרגלים
בריאות
בריא
מזין
חלבונים
איכות
רוטב
רעלן
ויטמין
משקל

65 - Hiking

נ	ט	י	י	ה	ר	ר	ע	מ	פ	מ	ן	ס	ט
פ	ל	ע	פ	א	ר	ק	י	ם	ס	י	ת	ה	ב
ר	ש	ס	נ	ב	ת	ט	י	ס	ג	ם	ת	ל	ע
א	ל	כ	ט	נ	צ	ן	ף	ר	ה	כ	נ	ה	ס
י	ס	נ	ם	י	ס	ה	ל	ג	נ	ב	ף	מ	נ
ס	צ	ו	ק	ם	ח	ה	ח	ש	ן	ד	פ	כ	ח
ת	צ	ת	א	ק	ל	י	ם	מ	ד	פ	ג	א	ב
נ	ש	ד	ה	ב	ם	פ	ח	ש	כ	א	כ	ס	כ
ף	ן	ס	מ	ק	א	ר	פ	ג	ת	א	כ	ה	ע
ח	י	ו	ת	ג	מ	ד	ר	י	כ	י	ם	נ	ת
ש	ד	ר	ס	ה	פ	פ	א	א	צ	ם	ן	ד	נ
ש	צ	ף	ב	ת	ה	י	י	מ	ת	פ	ח	ה	ב
ל	ם	ג	ת	ט	צ	ל	י	נ	ל	ר	ם	כ	א
ל	ת	ש	ל	א	פ	ת	ע	ם	ג	ת	ס	ע	א

חיות
מגפיים
קמפינג
צוק
אקלים
מדריכים
סכנות
כבד
מפה
הר

טבע
נטייה
פארקים
הכנה
אבנים
פסגה
שמש
עייף
מים
פראי

66 - Professions #1

ח	ע	מ	פ	ג	ה	פ	א	ס	ת	ן	צ	ע	ף
ב	ן	כ	ט	ס	י	ש	ר	ב	ר	ב	י	ר	ס
צ	ן	נ	ב	ח	נ	א	א	נ	ש	ד	י	ק	ל
ן	ה	ב	ש	ת	ע	ת	ו	ר	נ	ה	ד	ד	ד
ט	ף	צ	מ	ד	ב	פ	ר	ל	ט	ם	ע	ן	ק
א	ס	ט	ר	ו	נ	ו	ם	ן	ו	ש	ו	ר	ר
פ	ח	ח	ח	ק	ק	א	ג	כ	ח	ג	ר	ן	ט
צ	ס	ח	ג	ט	א	ח	ו	ת	ר	ך	ל	ו	
מ	צ	י	ת	ו	י	ח	ס	ס	ם	י	ד	א	ג
מ	מ	י	כ	ר	ל	ב	ס	ו	ט	ר	י	נ	ר
ש	א	ט	ש	ו	כ	ל	מ	ע	ס	ס	ן	פ	ף
ב	מ	צ	י	מ	ל	ח	מ	ו	ז	י	ק	א	י
ן	ן	ב	ט	ב	ב	ו	ע	ו	ר	ך	כ	ג	ל
א	ב	ה	ן	נ	פ	ת	ג	ת	ן	ת	ל	ב	כ

שגריר
אסטרונום
עורך דין
בנקאי
קרטוגרף
מאמן
רקדן
דוקטור
עורך
גיאולוג

צייד
תכשיטן
מוזיקאי
אחות
פסנתרן
שרברב
פסיכולוג
מלח
חייט
וטרינר

67 - Dinosaurs

ח	ג	ז	ע	ט	ף	מ	ר	ת	ן	ע	ג	ל	מ
מ	י	נ	י	ם	מ	ד	ל	ט	ל	א	א	כ	א
ר	ן	ב	ד	ט	ע	ת	א	ר	נ	ם	ו	ה	ו
ו	ב	כ	ג	ג	ש	ש	ג	ף	א	ד	כ	י	ב
ש	ז	ד	ע	ף	ו	ד	ה	ד	ב	ה	ל	ע	נ
ע	צ	ו	ם	ש	מ	ד	ג	ף	ו	ה	ע	ל	י
ת	מ	ר	ח	ס	מ	ב	ל	א	ל	ל	ש	מ	ם
א	ף	ה	ז	ל	ו	ס	ף	ד	ו	ט	ב	ו	פ
ת	ג	א	ק	ן	ת	ש	ל	ש	צ	כ	ג	ת	נ
פ	ד	ר	ל	כ	ה	כ	נ	פ	י	י	ם	נ	ת
ם	ת	ץ	ם	ד	ל	כ	ג	ה	ה	ש	ת	מ	פ
פ	ר	ה	י	ס	ט	ו	ר	י	ט	ם	ע	ג	פ
צ	ד	ס	ח	ט	צ	נ	ף	ט	ח	ל	ל	ח	ט
א	ת	נ	ג	ן	נ	פ	ח	כ	ס	ב	ת	ה	ב

היעלמות
כדור הארץ
עצום
אבולוציה
מאובנים
אוכל עשב
גדול
ממותה
חזק

פרהיסטורי
טרף
זוחל
גודל
מינים
זנב
מרושע
כנפיים

68 - Barbecues

מ	ת	ד	ס	מ	ו	ז	י	ק	ה	ה	כ	פ	ג
ז	ע	ש	ל	נ	ז	י	ר	ק	ו	ת	ף	י	ר
ו	ד	מ	ט	מ	ג	ל	פ	ר	ח	א	ג	ר	ח
ן	ף	ט	י	ש	ג	ר	ג	כ	מ	ל	ח	ו	ב
ף	ג	ס	ם	ח	ע	ו	י	ו	ש	ע	ט	ת	ר
ח	ר	פ	כ	ק	ג	ט	ד	ל	ת	ט	ח	ם	י
ב	ע	מ	מ	י	ב	ב	א	ע	א	ל	ת	ן	ם
ע	ב	כ	ש	ם	נ	ר	ה	ט	ר	ע	ח	ש	מ
פ	ר	ד	פ	ג	י	י	צ	ק	ו	א	מ	ן	פ
ת	נ	ט	ח	ע	ו	ף	ם	י	ח	א	כ	א	ד
ן	מ	א	ה	ר	ת	ט	ף	ץ	ת	נ	כ	ן	נ
ב	א	ס	ם	ב	ם	פ	צ	ט	ע	ג	כ	מ	ב
י	ל	ד	י	ם	א	ף	ן	ע	ר	ב	ס	ף	ח
ף	ס	ס	ע	ס	ת	נ	א	ע	ב	ל	פ	ש	ש

עוף
ילדים
ארוחת ערב
משפחה
מזון
מזלגות
חברים
פירות
משחקים
גריל

חם
רעב
סכינים
מוזיקה
סלטים
מלח
רוטב
קיץ
עגבניות
ירקות

69 - Surfing

ל	כ	ד	ם	כ	ט	מ	ז	ג	א	ו	ו	י	ר
ש	ש	ף	ע	ג	ק	ה	מ	ט	ל	ע	א	ל	נ
ב	ו	ח	מ	ת	ח	י	ל	ס	ו	ב	ו	ד	ת
ע	נ	ג	ו	ה	ס	ר	צ	פ	ף	ד	ק	כ	ד
ס	י	ה	ח	ת	פ	ו	פ	ו	ל	ר	י	מ	כ
ט	ת	ג	ח	א	ם	ת	כ	ר	נ	פ	י	מ	ל
ס	פ	ת	ס	כ	ב	ח	פ	ט	מ	י	נ	ח	ן
ע	ש	ת	צ	צ	ש	פ	מ	א	ף	ס	ו	ת	ג
ס	צ	א	א	ה	ח	ד	ה	י	ס	ר	ס	פ	ק
ת	נ	מ	פ	פ	ף	ס	ת	ת	ף	א	ג	ל	צ
א	ת	ת	צ	ח	ל	כ	צ	מ	מ	ן	נ	ם	ף
ג	כ	ע	פ	ע	מ	ר	ם	מ	צ	ן	ו	ש	ף
ד	ו	י	ש	ד	ק	י	ב	ה	ף	מ	ן	ע	פ
ף	ח	ו	ף	ק	ה	ל	ר	א	ר	ג	נ	ש	פ

פופולרי
שונית
מהירות
קיבה
כוח
סגנון
לשחות
גל
מזג אוויר

ספורטאי
חוף
מתחיל
אלוף
קהל
קיצוני
קצף
כיף
אוקיינוס

70 - Chocolate

ד	א	ה	ק	ק	ו	ת	מ	ד	ר	נ	ב	ן	ק
פ	כ	ר	ו	ר	י	ר	מ	ם	ו	ד	ל	ס	ל
ב	מ	א	ק	ף	ג	כ	ג	ג	מ	ת	א	ד	ו
ל	ר	ק	ו	ד	ס	מ	ד	ק	ת	מ	מ	ר	ר
א	כ	ז	ס	כ	ח	ח	פ	ב	ו	ה	א	מ	י
כ	י	ו	ט	ם	מ	צ	ד	נ	ש	ט	ת	ת	ו
ו	ב	ט	כ	צ	ה	ת	ס	ת	ט	ד	ט	כ	ת
ל	ס	י	ו	ע	ן	ט	ו	ם	י	נ	ט	ו	ב
צ	א	ן	ה	ף	ה	ק	כ	ף	ע	ב	ע	ן	א
א	י	ה	ס	א	ק	ס	ר	ם	ל	ש	ם	צ	ר
ב	כ	ם	צ	ו	מ	ף	א	ן	ף	ו	א	ק	ק
ק	ו	ע	ת	פ	ל	ש	ת	א	ב	ג	כ	ח	ה
ה	ת	ס	ח	ת	ס	א	ם	צ	צ	ן	ד	ש	ל
ע	נ	ב	ח	ם	י	ע	ט	פ	ט	ל	כ	ן	ס

אהוב
מרכיב
בוטנים
אבקה
איכות
מתכון
סוכר
מתוק
טעם
לאכול

נוגד חמצון
מריר
קקאו
קלוריות
ממתק
קרמל
קוקוס
השתוקקות
טעים
אקזוטי

71 - Vegetables

ת	ת	ס	ח	ש	ע	ה	ס	ת	ם	ה	פ	ב	א
ר	ת	ן	ס	מ	כ	ע	ד	ל	ע	ת	ט	ר	ר
ד	ט	ש	ד	ה	נ	ר	צ	ג	ט	ל	ר	ו	ט
ש	ל	ם	ם	ס	צ	נ	ו	ן	ע	נ	ו	ק	י
ת	צ	ס	א	ב	פ	מ	ג	ב	ש	ש	ז	ו	ש
ע	ח	נ	ן	צ	ט	ב	י	צ	י	ג	י	ל	ו
ג	ז	ר	ס	ל	ר	י	נ	ל	פ	ת	ל	י	ק
ב	ח	צ	י	ל	י	ח	ג	מ	ד	ל	י	ל	ג
נ	ת	צ	ף	ל	י	ח	ר	ל	ר	ר	ה	פ	ג
י	ב	ס	ה	ד	ה	ע	ה	פ	ש	א	ל	ו	ת
י	מ	ר	צ	ה	ג	ס	מ	פ	פ	פ	ס	ת	כ
ה	פ	ה	צ	ב	ש	ש	ש	ו	ד	ו	ד	ב	א
מ	ן	מ	ע	ש	ת	ו	ג	ן	ע	נ	ט	ס	מ
ן	ב	ע	נ	ם	ם	צ	ם	א	ב	ה	צ	ל	ף

ארטישוק
ברוקולי
גזר
כרובית
סלרי
מלפפון
חציל
שום
ג'ינג'ר
פטרייה

בצל
פטרוזיליה
אפונה
דלעת
צנון
סלט
שאלות
תרד
עגבנייה
לפת

72 - Boats

ג	ף	ג	ה	ת	ד	כ	כ	ף	צ	ר	ע	ג	ן
מ	א	צ	צ	ו	ו	ת	ש	ר	פ	ס	ו	ד	ה
צ	ו	ו	ן	ר	א	ף	נ	ג	א	ט	ג	ט	מ
ג	ק	ת	ת	ן	א	ג	ם	ח	ן	ד	ן	ס	ן
פ	י	א	כ	ט	ה	ם	ת	מ	צ	ו	ף	מ	ס
כ	י	ע	ק	א	נ	ו	ב	פ	ל	ש	ר	ש	ל
מ	נ	ה	י	מ	י	ת	ט	ר	ב	ח	ע	ט	ח
מ	ו	ס	א	מ	ת	פ	פ	ש	ט	ב	ף	נ	ב
ן	ס	ף	ק	ל	ע	ר	מ	י	ד	ל	ח	ה	ף
נ	ה	ע	ם	ף	ס	ח	נ	ת	ד	ט	ל	ר	ם
ם	ן	נ	כ	ל	כ	ף	ו	ת	צ	נ	ם	ע	ם
ם	ש	ש	פ	ל	ע	ח	ע	ת	כ	ל	ה	ד	מ
ת	מ	נ	ג	י	ם	ר	א	פ	צ	ס	מ	ר	ע
מ	ע	ב	ו	ר	ת	מ	צ	ד	מ	ע	ח	מ	ל

עוגן
מצוף
קאנו
צוות
עגן
מנוע
מעבורת
קיאק
אגם
תורן

ימי
אוקיינוס
רפסודה
נהר
חבל
מפרשית
מלח
ים
גאות
יאכטה

73 - Activities and Leisure

ד	ם	ת	ו	נ	מ	א	ש	ה	ב	צ	ע	כ	ת
ף	ו	ר	ג	י	א	מ	ח	ם	ד	ט	ף	ח	ש
ט	א	ם	ר	ן	ו	נ	י	ג	ט	ש	ב	ה	ג
י	ד	ו	מ	ף	ש	ש	י	ח	ד	י	ת	ג	ב
ו	ץ	ה	ל	י	ל	צ	ה	נ	ב	פ	נ	ש	ד
ל	ט	ש	ב	ל	ע	ע	ט	י	י	כ	ה	מ	ו
י	ג	ט	ד	ע	נ	ש	ם	צ	י	ה	ע	ע	ר
ם	נ	ה	ו	ף	ף	ק	ב	ש	ס	ד	ה	ת	ע
ע	י	ג	ר	מ	פ	מ	כ	א	ב	י	כ	ר	ף
ט	ט	כ	ג	ג	ט	פ	ט	ג	ו	ג	ד	ן	ף
ל	ד	צ	ל	נ	ד	י	ן	ו	ל	ל	ו	כ	ח
ע	ג	ן	י	ת	ם	נ	ף	ל	ט	י	ר	מ	א
ח	ן	ס	צ	ר	ד	ג	ה	ף	נ	ש	ס	ם	ש
ת	ו	ע	י	ס	נ	ר	ו	י	צ	ה	ל	ן	ע

אמנות
בייסבול
כדורסל
איגרוף
קמפינג
צלילה
דיג
גינון
גולף
טיולים

תחביבים
ציור
מירוץ
מרגיע
כדורגל
גלישה
שחייה
טניס
נסיעות
כדורעף

74 - Driving

א מ ן כ ס ס כ ד ת י א ש מ כ
ו פ ר מ ם ת מ ל ג ה נ ו ר ב
פ ה ה נ ו א ת ק ת צ ס י ס י
נ ע ו ו ד נ ן ס ח ך ש כ ר ש
ו ף ל ע כ ם ה ב ד י נ ן ב ג
ע א כ ת ב נ ט ר ו ה ם ח ל ט
ח כ י כ ט כ פ ן פ פ ם כ א ס
ט א ר ף י ף ט ח ן ע ן ר ה ס
צ ת ג ן ח ד ה מ נ ם י מ ל ב
מ ג ל ן ו ר ה ר ה נ מ ה ג ד
ש ב ח ד ת ע ה ע ו נ ת י ז ה
ט ש ש ס ן ר ע צ ת ב ה ר ד ם
ר ר נ כ ש א נ ח ה כ מ ו כ ל
ה ת י נ ו כ מ ף ל ת נ ת ב ח

מנוע
אופנוע
הולכי רגל
משטרה
כביש
בטיחות
מהירות
תנועה
משאית
מנהרה

תאונה
בלמים
מכונית
סכנה
נהג
דלק
מוסך
גז
רישיון
מפה

75 - Professions #2

ר	א	ח	ת	פ	כ	ט	ג	ו	ל	ו	א	ו	ז
ף	ר	ד	א	י	צ	מ	מ	ף	ע	כ	ג	נ	א
מ	ס	ב	ם	ל	ר	ט	ט	ב	פ	ב	ב	מ	ס
ס	י	א	נ	ו	ת	י	ע	ף	ל	ל	ת	א	ט
נ	צ	צ	ד	ס	מ	י	ן	ש	צ	ש	ר	נ	ר
ת	א	י	כ	ו	ם	ס	פ	ל	ש	ן	ל	ה	ו
ג	נ	י	ל	ף	ש	ה	ם	ת	ן	מ	פ	פ	נ
ת	ב	ר	ש	צ	ס	ש	ש	א	פ	ו	ר	ב	א
צ	ן	כ	ף	ט	ג	ת	ע	ר	ר	ר	נ	י	ו
מ	ת	צ	ט	נ	צ	ע	ב	ה	ט	ה	כ	ו	ט
א	ע	ל	ס	ד	נ	ה	מ	נ	ש	ר	ף	ל	ן
י	ב	ח	א	ם	י	י	נ	י	ש	א	פ	ו	ר
י	ת	י	נ	ר	פ	ס	ת	ט	ה	ן	נ	ג	ף
ר	ם	ח	ן	נ	ן	ף	ח	ר	ל	ג	ן	ה	ת

אסטרונאוט
ביולוג
רופא שיניים
בלש
מהנדס
איכר
גנן
מאייר
ממציא
עיתונאי

ספרנית
בלשן
צייר
פילוסוף
צלם
רופא
טייס
מנתח
מורה
זואולוג

76 - Emotions

פ	א	ט	ח	ף	מ	ה	ף	פ	ש	ה	ף	ת	כ
ח	ס	ד	ר	ו	ך	ח	ף	ע	ב	א	כ	ו	ע
ד	י	ב	ט	ס	ד	צ	ח	ש	ל	ו	ם	כ	ט
נ	ר	ג	ש	נ	ע	פ	ס	ע	מ	ג	ש	ן	מ
ל	ת	ע	נ	ש	צ	ח	ר	מ	ר	ח	פ	ג	ט
א	ו	ר	נ	ג	ב	ג	ר	ו	ו	ת	ה	ת	ר
ת	ד	ד	נ	נ	צ	ט	מ	ם	צ	ט	ר	ה	א
ת	ה	ב	ל	ג	א	ט	ט	ר	ה	ד	ם	פ	כ
ש	ל	ו	ו	ה	ו	ה	ר	ג	נ	ע	א	ת	כ
ט	ל	ר	ד	א	ש	נ	ד	ג	ב	כ	ר	ע	ע
א	ע	צ	כ	ה	ר	ל	ע	ה	ו	ף	ס	ה	ס
נ	א	ה	צ	ב	פ	ש	ת	צ	ך	ע	ג	פ	כ
ד	ב	צ	א	ה	ם	ע	ל	ע	א	ל	א	נ	ב
נ	ף	פ	ע	ל	ח	מ	ם	ט	כ	נ	נ	ע	א

כעס
אושר
שעמום
רגוע
תוכן
נבוך
נרגש
פחד
אסיר תודה
שמחה
חסד
אהבה
שלום
עצב
מרוצה
הפתעה
אהדה
רוך
שלווה

77 - Mythology

ר	כ	ג	ן	ח	ה	י	כ	א	ד	ש	ב	ס	ע
ל	ו	ח	ם	א	ש	ן	צ	ב	ט	ם	ן	ה	ס
ג	ח	ת	א	מ	ט	ן	ף	י	ע	ם	ת	מ	א
מ	ב	ו	ך	ו	א	ג	ד	ה	ר	ר	מ	ה	ל
פ	א	ם	ף	נ	ב	י	ע	ב	מ	ה	ו	ת	י
ל	ן	נ	ב	ו	ט	ב	י	צ	ו	ר	ת	נ	ם
צ	ר	ֶ	ב	ת	י	ו	ע	פ	צ	ם	ה	ה	כ
ת	ף	צ	ה	ת	פ	ר	ק	א	ס	ו	ן	ג	ן
ב	ב	ַ	ע	פ	ו	מ	ע	נ	ט	ש	ס	ו	ד
ד	ן	ח	ד	ן	ס	ג	ע	ם	א	ע	ב	ת	ב
ף	ח	ד	ת	ס	ג	כ	ט	ג	ר	ה	ט	ג	ן
ב	ר	ק	ת	ר	ב	ו	ת	נ	ק	מ	ה	ש	ב
ב	נ	ה	ר	ח	ן	ג	ר	ג	ת	ר	ח	ר	ר
ן	ן	ש	ד	ע	ה	ד	מ	ן	ע	ן	ד	ה	א

קנאה
מבוך
אגדה
ברק
מפלצת
בן תמותה
נקמה
כוח
רעם
לוחם

אבטיפוס
התנהגות
אמונות
יצירה
יצור
תרבות
אלים
אסון
גיבור
נֶצַח

78 - Hair Types

א	ש	ם	ד	ל	נ	ח	ח	ט	נ	צ	צ	ח	ל
ח	ר	ך	ב	ר	י	א	מ	ר	ה	ד	ס	ו	ן
נ	מ	ו	ט	צ	מ	ו	ת	ש	ש	צ	נ	ם	ש
ע	ר	ב	ך	ב	א	פ	ו	ר	ק	ל	ו	ע	ס
ש	מ	ן	ל	ע	ב	ה	ל	י	ב	ש	ח	ו	ר
ח	ת	ף	ב	ו	ל	ג	ת	ן	מ	ח	א	ר	ד
ס	ט	נ	ן	נ	נ	נ	ל	ג	ה	ל	ק	ם	פ
נ	ג	א	ט	י	ר	ד	פ	ל	ל	ן	צ	צ	ם
מ	ב	ר	י	ק	ז	ש	י	נ	ב	י	ר	ם	ח
ל	א	כ	ר	נ	ה	מ	ל	נ	כ	ח	ן	א	ע
ן	פ	ף	ר	ם	נ	ת	ד	ב	י	ק	י	ר	ח
א	ת	ר	ף	פ	ש	ס	ד	ע	ת	א	צ	נ	ם
ט	ן	פ	ס	א	ס	ן	ח	ן	ר	ב	ר	ם	ס
ג	ב	פ	ן	ל	ם	ת	ל	ת	ל	י	ם	ח	ג

קירח
שחור
בלונדיני
קלוע
צמות
חום
צבעוני
תלתלים
מתולתל
יבש

אפור
בריא
ארוך
מבריק
קצר
רך
עבה
רזה
גלי
לבן

79 - Furniture

ש	ף	נ	ן	ע	ד	ר	מ	ר	א	ה	ל	ן	ל
צ	ב	ס	ם	צ	כ	ם	י	ז	ב	א	כ	ת	צ
ע	ר	ס	ל	מ	מ	פ	ט	כ	ר	י	ו	ת	נ
ה	ף	א	ב	נ	מ	צ	ה	ר	ה	ן	ר	צ	פ
ס	ד	ג	ף	ו	ד	נ	ס	י	ח	ש	ס	ה	ר
פ	ט	מ	ת	ר	פ	ג	ח	ת	ד	י	ה	ג	ר
צ	ג	ש	צ	ה	י	ש	ט	מ	כ	ד	כ	ה	ב
פ	ג	ל	ל	ס	ם	ה	ג	ג	י	ה	נ	צ	פ
ג	ר	ס	ש	פ	ע	כ	ע	ת	ס	ם	פ	ף	צ
ב	צ	פ	ם	ה	ע	ל	כ	ט	א	ף	א	ע	פ
ב	ש	ו	פ	ס	ו	י	ל	ו	נ	ו	ת	ג	ג
נ	ש	ט	כ	ס	ב	כ	כ	ף	פ	ב	ן	ד	ר
כ	ח	ו	י	א	ס	פ	ס	ל	א	ע	ע	א	ה
ע	נ	ן	ט	ח	ד	נ	ר	ף	ג	ה	ס	ם	ן

כורסה
מיטה
ספסל
כיסא
מנחמים
ספה
וילונות
כריות
שידה

פוטון
ערסל
מנורה
מזרן
מראה
כרית
שטיח
מדפים

80 - Garden

צ	י	נ	ו	ר	פ	ל	ג	ל	נ	ה	ב	ד	ל
כ	ע	ש	ב	י	ם	ש	ו	ט	י	ם	ד	ח	ת
ח	ף	ס	כ	ב	ה	מ	ר	פ	ס	ת	ע	ר	ן
ד	ש	א	ט	ב	ע	ש	נ	ע	פ	ף	ץ	ס	ג
ח	כ	ד	פ	ר	ה	צ	ב	נ	ס	ד	ח	מ	ד
ב	ס	נ	ה	ר	ס	א	ש	ט	ל	ח	ם	ש	פ
ע	ר	ם	ב	ם	ף	ה	ד	ע	ע	מ	ו	ס	ך
ג	א	י	כ	ש	ב	ש	ב	כ	ע	ר	ס	ל	נ
ג	ד	ן	כ	פ	ר	ח	מ	ג	ר	פ	ה	ם	ג
ס	מ	ן	צ	ה	ס	ח	ח	ס	נ	ט	א	מ	מ
ח	ה	פ	כ	כ	ג	כ	ת	ב	ל	ב	ו	ש	ן
ג	ט	ר	מ	פ	ו	ל	י	נ	ה	ע	כ	ש	ב
פ	פ	נ	ר	ג	ד	ר	א	ת	ח	פ	י	ר	ה
ן	ט	ה	ף	ן	ג	א	ב	ף	נ	ת	ר	ם	ס

ספסל
בוש
גדר
פרח
מוסך
גן
דשא
ערסל
צינור
בריכה

המרפסת
מגרפה
סלעים
את חפירה
אדמה
טרסה
טרמפולינה
עץ
גפן
עשבים שוטים

81 - Birthday

ב	ס	צ	צ	ח	פ	כ	ם	צ	ח	צ	ש	מ	ש
ע	ם	ת	ג	ס	ל	ו	ד	ג	ב	ם	ם	ו	י
ר	י	ע	צ	נ	ד	א	י	נ	ג	מ	כ	צ	ר
ת	נ	ו	צ	ס	ש	ג	ג	א	ת	ו	ר	נ	ם
ח	ו	ג	ף	ש	ה	ם	י	ר	ב	ח	ט	ע	ן
ש	ל	ה	נ	ש	ז	מ	ן	ל	ט	ן	י	ם	צ
ג	ד	ן	מ	ז	מ	ר	ג	ת	מ	ט	ס	ה	ג
מ	מ	ח	ר	ד	נ	צ	א	נ	ר	ר	י	ס	פ
ת	ר	נ	צ	ד	ו	מ	ל	ל	ב	ט	ם	פ	ף
נ	מ	ף	ף	מ	ת	ד	מ	ב	א	ל	ר	צ	ד
ה	י	ש	נ	מ	ן	צ	י	כ	ש	א	ע	ח	נ
ד	ו	ש	ר	צ	מ	ף	ט	ס	א	מ	ס	ה	ה
ח	ח	ה	מ	ב	ו	ח	צ	ה	נ	ש	ח	ו	ל
ן	ד	נ	ס	ד	ב	ג	ת	צ	ח	ש	מ	פ	א

גדול
שמח
הזמנות
שיר
מיוחד
זמן
ללמוד
חוכמה
שנה
צעיר

נולד
עוגה
לוח שנה
נרות
כרטיסים
חגיגה
יום
חברים
כיף
מתנה

82 - Beach

ף	ם	ל	ש	ח	ו	ת	ע	מ	ט	ר	י	ה	מ
א	ד	ג	א	מ	ד	צ	פ	ג	ז	י	ם	נ	ג
ו	א	ו	י	פ	ש	ה	ב	ב	ן	ט	ע	ר	ב
ק	ר	נ	צ	ר	ה	ח	מ	ב	ש	ג	ר	צ	ת
י	ף	ה	ם	ש	כ	ב	ח	ף	ת	ש	פ	א	כ
י	ן	ש	ח	י	כ	ו	ח	ל	ג	ח	ג	ל	ח
נ	פ	ע	ד	ת	א	ש	ו	נ	י	ת	ף	א	ו
ו	י	ח	ו	פ	ש	ה	ד	ל	ס	י	ר	ה	ף
ס	ם	נ	ל	ד	ג	צ	ס	ת	ש	צ	ש	צ	ג
ג	ט	א	ט	ג	ן	ס	נ	ד	ל	י	ם	ח	ס
ח	מ	ן	ר	ש	ש	ר	א	ג	נ	ג	כ	ם	פ
ה	ה	צ	ש	ג	ת	ט	ד	ר	ל	ט	פ	א	ג
ף	ר	ד	ג	נ	ם	ן	ר	ש	ס	ע	ר	מ	ן
נ	א	ס	ג	ד	ל	ת	ג	ב	ה	ח	ת	פ	ד

כחול
סירה
חוף
סרטן
עגן
אי
לגונה
אוקיינוס
שונית
מפרשית

חול
סנדלים
ים
פגזים
שמש
לשחות
מגבת
מטריה
חופשה

83 - Adjectives #1

א	נ	ה	ב	ם	מ	ו	ע	י	ל	ס	ח	ע	ח
ט	ר	ב	ס	ע	ר	ו	ח	ק	כ	מ	ת	ר	ע
ר	ת	ו	ש	כ	צ	נ	ד	ר	נ	ל	כ	ד	ה
ק	ג	ל	מ	א	י	ט	י	ר	ה	ד	ז	ה	ה
ט	ת	ח	ח	ט	נ	נ	ה	ם	נ	ש	י	כ	ל
י	פ	ה	צ	כ	י	ע	ר	כ	ן	י	ת	ב	ן
ב	ר	ז	ה	ם	ש	ד	ם	ח	ש	ו	ך	ד	ג
י	מ	ו	ח	ל	ט	צ	ד	ש	א	ט	ל	ח	ג
פ	א	נ	ה	ם	ף	ח	ד	ו	פ	ם	ף	צ	נ
א	ק	ז	ו	ט	י	מ	ג	ב	ת	ף	צ	ם	ע
ף	ש	ה	ר	ד	א	ס	ף	ן	נ	פ	נ	ש	ס
ל	ן	ה	ד	ם	ד	ע	ר	ה	י	צ	מ	א	ן
ס	ר	ר	ר	ג	פ	צ	ם	ת	ת	ע	ב	ם	ב
א	מ	נ	ו	ת	י	צ	כ	ם	נ	ח	ג	ל	ל

כבד
מועיל
כנה
זהה
חשוב
מודרני
רציני
איטי
רזה
יקר

מוחלט
שאפתנית
ארומטי
אמנותי
אטרקטיבי
יפה
חשוך
אקזוטי
נדיב
שמח

84 - Rainforest

צ	ח	ס	ק	ט	מ	ח	ף	ט	ב	ע	נ	ן	ן
ף	ם	נ	י	ה	צ	ב	א	ח	ן	ג	ב	כ	ר
א	מ	ק	ל	ט	י	י	כ	ב	ו	ד	ו	מ	ף
ע	י	א	י	ן	א	ל	פ	ת	ע	ח	ט	ע	ג
י	נ	ט	ד	פ	צ	א	ה	ו	ס	ש	נ	צ	ו
ק	י	נ	ת	ן	ת	נ	צ	ח	ר	ק	י	ם	נ
ר	ם	ה	י	ש	ר	ד	ו	ת	ר	י	ג	ס	ג
ט	ד	פ	פ	ם	ל	פ	ח	מ	א	ס	ם	פ	ל
צ	ד	ו	ח	י	י	ם	א	ק	ל	י	ם	ש	מ
ל	ג	ע	ד	ג	מ	ף	ם	ל	מ	ו	ר	י	ג
ח	ש	ד	ג	ל	ח	צ	ם	ד	ף	נ	ס	מ	ת
ע	ד	פ	ל	צ	ה	ש	צ	ט	ח	ק	פ	ו	ה
ל	ם	כ	ל	ר	ת	ם	ר	ח	ם	י	א	ר	א
ג	י	ו	ו	ן	ש	ח	ז	ו	ר	ם	ע	ב	ג

דו-חיים
ציפורים
בוטני
אקלים
עננים
קהילה
גיוון
יליד
חרקים
ג'ונגל

יונקים
טחב
טבע
שימור
מקלט
כבוד
שחזור
מינים
הישרדות
יקר

85 - Technology

ע	א	כ	ב	ת	ב	י	ט	ח	ו	ן	ס	ן	מ
ה	י	ע	ר	ל	ב	ל	ת	ה	ח	ח	ג	ן	ס
ס	נ	ג	י	ף	ת	ע	ו	ג	ת	כ	ל	ל	מ
נ	ט	ע	ש	ה	י	א	כ	ג	ד	פ	ד	פ	ן
ח	ר	ף	ס	ף	ם	ף	נ	ע	ט	ט	ס	ר	ו
ת	נ	ת	ו	נ	י	ם	ה	ו	ד	ע	ה	נ	י
ס	ט	ט	י	ס	ט	י	ק	ה	ל	ל	ג	ן	ר
ד	י	ג	י	ט	ל	י	ט	ח	צ	נ	ח	נ	ט
ג	ו	פ	ן	מ	צ	ל	מ	ה	ח	ף	ף	ע	ו
ח	ב	ר	ח	ח	ס	ל	ג	ר	מ	ח	ק	ר	א
ן	ט	ע	כ	ש	ת	ך	ה	ש	צ	ד	ו	צ	ל
ד	ס	ע	פ	ב	ה	ט	ה	כ	ה	ן	ב	ל	י
ט	ר	ר	ס	פ	ב	ה	צ	א	נ	מ	ץ	ס	ס
ר	ר	נ	נ	ש	מ	נ	א	ל	א	ל	ע	ס	פ

בלוג
דפדפן
בתים
מצלמה
מחשב
סמן
נתונים
דיגיטלי
קובץ
גופן

אינטרנט
הודעה
מחקר
מסך
ביטחון
תוכנה
סטטיסטיקה
וירטואלי
נגיף

86 - Landscapes

ק	ג	ת	ף	ם	ח	ט	ח	נ	ל	ל	כ	נ	ר
ר	א	ס	ת	נ	מ	ו	ן	ס	ג	ב	ע	ה	ף
ח	ד	נ	ח	ח	ע	נ	נ	פ	ר	ת	י	ר	פ
ו	ג	י	י	ז	ר	ד	מ	ג	מ	ס	א	צ	צ
ן	ף	ת	ה	ט	ה	ר	ד	ל	מ	ב	ו	ר	ה
א	א	מ	ד	ף	ג	ה	ר	פ	ם	פ	ק	ן	ה
ת	ו	א	ג	ח	ח	צ	י	ה	א	י	י	ה	ר
ס	א	ב	ג	א	ח	ו	ע	ט	ס	ש	י	ר	כ
ב	ז	י	ם	ם	ט	ק	א	ת	ט	ן	נ	ג	ש
א	י	ב	מ	א	ע	מ	ק	ן	פ	ע	ו	ע	צ
י	ס	פ	ח	ו	ף	פ	ד	כ	נ	כ	ס	ש	א
ם	כ	ס	ן	ב	א	ל	ח	ב	ט	ט	ג	ג	ח
ר	ב	א	ט	ח	נ	ג	נ	ס	ר	ף	ם	ד	ד
ל	מ	ת	ב	נ	ח	ח	ם	ד	ד	ר	ל	צ	ף

חוף
מערה
צוק
מדבר
גייזר
גבעה
קרחון
אי
אגם
הר

אואזיס
אוקיינוס
חצי האי
נהר
ים
ביצה
טונדרה
עמק
הר געש
מפל

87 - Visual Arts

א	ס	ל	ס	א	א	מ	א	צ	פ	ט	א	ב	ה
ט	ל	ד	פ	ל	ב	ח	כ	מ	ת	ף	מ	ג	ל
ת	כ	ג	ה	ן	ד	ה	פ	ף	נ	ע	ן	ט	ת
ס	ן	ת	ו	ל	כ	י	ר	ד	א	פ	ג	ב	פ
ל	צ	מ	ע	ן	ס	ת	ו	י	ת	ר	י	צ	י
ן	י	ר	ט	ט	ס	ֶ	ר	ֶ	ח	ס	ר	י	י
פ	ו	ט	נ	ד	ש	ב	ע	צ	ה	פ	ת	ו	צ
ח	ר	ס	י	נ	ה	ק	י	מ	ר	ק	ע	ר	י
ם	י	ו	ה	ה	נ	פ	פ	ב	נ	ט	ס	ס	ר
ל	ק	ם	ס	ר	ס	כ	ר	ל	ס	י	ר	מ	ת
ן	ט	ע	ד	מ	ה	ו	ו	ע	ש	ב	ט	ף	מ
ה	ה	כ	ל	ר	ר	א	ן	ט	פ	ה	ת	ט	ו
נ	ע	ד	כ	א	א	ש	א	ע	ה	ם	ח	א	פ
ן	ג	ב	ר	א	נ	ף	ג	ס	ר	א	ח	ף	ת

אדריכלות
אמן
קרמיקה
גיר
פחם
חֶרֶס
הרכב
יצירתיות
כן ציור
סרט

צירת מופת
ציור
עט
עיפרון
פרספקטיבה
דיוקן
סטנסיל
לכה
שעווה

88 - Plants

צ	ש	נ	ע	ץ	ה	ש	ב	ת	ל	מ	ע	ט	פ
פ	ק	א	ָ	ב	נ	ע	ו	ש	ט	ד	ל	ן	פ
צ	ק	ן	ל	ח	פ	ו	ט	ן	ה	ל	י	ע	ר
ש	ט	ט	ִ	צ	ד	ע	נ	ת	מ	ת	כ	ט	מ
ע	ו	פ	י	ק	ף	י	י	ד	ש	א	ו	ח	א
ב	ס	ר	ם	ח	י	ת	ק	ד	ש	ן	ת	ב	א
נ	ע	ח	ש	ר	ן	ס	ה	ב	ד	ח	ר	מ	ן
ן	א	ב	ד	ג	ף	פ	ו	נ	ד	ם	ת	ב	מ
ף	צ	ס	ו	ן	ב	ר	י	ס	צ	ג	ר	ו	ל
ג	ם	ש	צ	ש	צ	י	מ	ס	ג	ת	ס	ק	ג
ב	נ	ן	ט	ר	ב	ח	ע	מ	ט	ר	ע	ר	ד
ף	מ	ב	ח	ד	צ	ה	פ	ש	פ	ט	ת	ב	ו
ט	ם	ל	ל	ם	ה	ס	א	נ	ם	ע	פ	ט	ל
ב	ס	ע	ן	ח	ע	ב	צ	מ	ח	י	י	ה	ג

במבוק
שעועית
ברי
פריחה
בוטניקה
בוש
קקטוס
דשן
פרח
עָלים
יער
גן
דשא
לגדול
קיסוס
טחב
עלי כותרת
שורש
עץ
צמחייה

89 - Countries #2

ר	כ	מ	ה	י	נ	ב	ל	א	מ	ס	ש	ן	א
פ	ט	ח	מ	ף	ר	ס	א	ת	ע	ו	כ	ח	ו
ח	נ	ת	ק	ו	ן	ו	ו	י	ס	ר	ל	ד	ג
צ	א	ל	ס	ח	ט	ן	ס	ו	ם	י	מ	נ	נ
ה	ק	י	י	מ	ג	ל	א	פ	נ	ה	ל	מ	ד
ה	ה	ב	ק	ד	ם	ן	פ	י	מ	ב	ס	ר	ה
א	א	ר	ו	ת	ף	ב	ן	ה	נ	כ	כ	ק	צ
י	ט	י	א	ע	ס	ן	א	ו	פ	ע	נ	ת	ס
ט	ם	ה	א	ו	ו	ש	ן	ן	ט	ס	י	ק	פ
י	ח	ט	ד	ש	מ	צ	ף	ף	ף	כ	ג	ם	ל
ם	ת	ן	ל	ע	ל	ת	א	פ	כ	ט	ר	א	א
ח	ל	א	ה	נ	י	א	ר	ק	ו	א	י	ה	ם
כ	ף	ל	א	ף	ה	ט	ג	ע	ף	ש	ה	ע	נ
ם	ג	ש	ם	ף	מ	ח	ן	מ	ם	ש	ל	ב	ן

אלבניה
דנמרק
אתיופיה
יוון
האיטי
ג'מייקה
יפן
לאוס
לבנון
ליבריה

מקסיקו
נפאל
ניגריה
פקיסטן
רוסיה
סומליה
סודן
סוריה
אוגנדה
אוקראינה

90 - Ecology

מ	ח	מ	ל	ם	מ	ג	ו	ו	ן	ם	ד	ב	מ
ן	ט	ג	ט	ג	ס	צ	י	כ	ג	ר	כ	ר	ת
ד	ן	ר	א	ד	ע	ת	ה	ו	מ	ם	ן	ק	נ
ן	ד	מ	ח	ף	ת	ג	ח	כ	ו	ם	ה	י	ד
ף	כ	ח	ש	א	ג	א	ה	ח	י	ן	פ	י	ב
ח	פ	פ	פ	ד	פ	ק	ה	י	ל	ו	ת	מ	י
נ	ר	ן	ל	ת	ף	ל	י	ה	נ	כ	צ	א	ם
פ	פ	ט	ש	ם	ב	י	ש	ר	ב	ם	ת	ם	ס
צ	י	מ	י	ט	ל	ם	ר	י	צ	מ	ח	י	ם
ן	מ	ש	א	ב	י	ם	ד	ם	ו	י	ר	ס	צ
ף	ט	ח	ח	צ	ה	ד	ו	ם	ר	נ	ם	ש	ם
ט	ב	ע	י	ף	מ	ר	ת	ש	ת	י	ה	מ	כ
ד	ע	א	ב	י	ת	א	ח	ט	ס	ם	ח	ל	ף
צ	י	ר	ת	ט	ה	ס	כ	א	ב	ת	ד	ל	צ

אקלים
קהילות
גיוון
בצורת
החי
ימי
מרש
הרים
טבעי

טבע
צמחים
משאבים
מינים
הישרדות
בר קיימא
מגוון
צמחייה
מתנדבים

91 - Adjectives #2

מ	ל	ו	ח	כ	פ	ף	ל	מ	ל	ח	ה	ע	ב
פ	ע	ש	פ	ט	מ	ל	מ	פ	ט	ש	א	ח	ם
ף	ט	נ	פ	צ	מ	ן	ס	ו	ת	ח	א	ד	פ
ף	ב	ר	י	א	ח	נ	פ	ר	י	ג	ג	ש	ר
ן	ל	ע	ב	י	ג	ח	נ	ס	א	ח	ם	ח	ו
ב	ר	ב	ש	ס	ן	א	ז	ם	ו	ב	ח	ח	ד
א	ו	ת	נ	ט	י	ל	ה	ק	ר	ה	ן	מ	ו
פ	ר	א	י	ח	ש	ג	ע	ש	י	ף	ר	ט	ק
כ	ת	ן	ה	נ	נ	נ	פ	ף	צ	מ	ל	ג	ט
ן	ש	ם	א	כ	ו	ט	ב	ע	י	ח	כ	פ	י
ב	ת	ב	ח	ט	נ	י	פ	א	ר	ו	ל	ב	ב
ש	ע	א	ר	ב	י	מ	ר	ש	ת	נ	ם	פ	י
ף	כ	מ	א	ב	כ	נ	ה	ח	י	ן	ף	מ	ש
ת	פ	ף	י	ס	נ	מ	ם	ס	ח	ת	ר	ר	ה

אותנטי
יצירתי
תיאורי
יבש
אלגנטי
מפורסם
מחונן
בריא
חם
רעב

מעניין
טבעי
חדש
פרודוקטיבי
גאה
אחראי
מלוח
ישנוני
חזק
פראי

92 - Math

מ	ק	ב	י	ל	י	ת	ה	י	ק	ף	ת	צ	ה
ס	ק	פ	נ	ם	ה	ד	ע	ד	ו	נ	ש	ף	ף
פ	כ	ב	ש	ב	ר	ף	ש	א	ט	מ	ל	ב	ן
מ	ע	כ	י	כ	ר	ג	ר	ע	ר	ה	מ	ש	ה
ע	ש	ע	ד	ל	נ	ס	ו	מ	מ	ת	ס	צ	נ
ל	ז	ו	ו	י	ו	ת	נ	ל	ס	ע	פ	ס	צ
ו	ס	כ	ל	מ	ם	ם	י	נ	כ	ה	ר	ב	ס
ת	י	ב	ח	ש	ב	ו	ן	ל	ו	ף	י	י	ש
ן	מ	מ	צ	ו	ל	ע	ע	ם	ם	ן	ם	פ	ך
כ	ט	ב	ר	ו	נ	פ	ח	א	ן	מ	ף	צ	כ
ף	ר	צ	ג	א	ו	מ	ט	ר	י	ה	מ	ה	ן
ף	י	א	ל	ה	ל	ב	ט	נ	מ	ם	ה	מ	כ
כ	ה	ה	א	ט	מ	ת	א	ל	ר	ר	ט	א	ל
ג	ם	צ	ן	ה	ל	ח	ד	ה	פ	ל	ח	ב	ת

מקביל
מקבילית
היקף
מצולע
מלבן
כיכר
סכום
סימטריה
משולש
נפח

זוויות
חשבון
עשרוני
מעלות
קוטר
משוואה
מעריך
שבר
גאומטריה
מספרים

93 - Water

ל	ט	מ	א	ד	מ	א	ה	ו	ר	י	ק	ן	מ
ק	ר	ח	ו	ן	ס	ג	י	י	ז	ר	ל	ת	ק
ב	צ	ג	ק	נ	ג	ם	ר	מ	ח	ט	ח	נ	ל
ב	ס	ן	י	ה	ס	ש	ד	ה	ת	ע	ל	ה	ח
ב	ח	ת	י	ר	נ	ו	ם	כ	ר	נ	ה	ן	ת
ל	ר	ת	נ	ד	נ	א	ן	ח	מ	מ	ה	ע	כ
ן	ח	ל	ו	צ	ר	ה	ד	ל	כ	ט	ש	ל	ג
א	א	ו	ס	ח	ן	ל	ג	ת	פ	פ	ק	ה	ל
ף	ד	פ	ת	צ	א	א	י	ד	ו	י	י	א	י
א	ת	ח	ן	ל	ט	פ	ש	ע	ר	ה	ה	ה	ם
ף	א	ם	ג	ן	ם	ר	ש	צ	ב	ל	ח	פ	נ
ל	ה	נ	מ	ח	ע	ם	ג	ח	ר	ת	ן	צ	פ
ף	א	צ	ד	ג	ן	ר	ן	ר	ע	מ	ס	ם	מ
ש	ב	ג	ד	ש	כ	פ	ה	ט	ר	א	ר	ם	ח

אגם
מונסון
אוקיינוס
גשם
נהר
מקלחת
שלג
גלים

התעלה
לח
אידוי
כפור
גייזר
לחות
הוריקן
קרח
השקיה

94 - Activities

נ	פ	ר	ב	נ	ל	צ	ש	ף	כ	ש	ן	ט	מ
ה	ס	ת	ן	כ	א	א	י	נ	ט	ר	ס	י	ם
ק	ר	י	א	ה	ד	א	מ	ד	ת	ע	נ	ו	ג
ט	י	ש	נ	ב	י	מ	כ	ג	ר	ל	מ	ל	י
ש	ג	ם	ה	ט	ג	ל	ת	ח	י	מ	ל	י	נ
ג	ה	מ	ש	ח	ק	י	ם	א	ק	פ	א	ם	ו
מ	י	ו	מ	נ	ו	ת	א	צ	ו	ל	כ	ש	ן
ה	ג	מ	ג	ע	ל	ע	ס	פ	ד	ג	ת	ם	פ
ל	ר	א	מ	פ	ע	א	צ	ע	ת	פ	י	ר	ה
ת	א	פ	ב	פ	ק	מ	פ	י	נ	ג	ד	פ	נ
ל	ט	ח	י	פ	ט	נ	נ	ל	ל	ב	א	ע	א
ף	ה	ח	פ	ה	ב	ו	א	ו	ן	ו	ב	ה	מ
פ	ם	ק	ס	ם	ר	ת	י	ת	ם	ט	ם	ף	ם
א	ת	מ	ג	ד	כ	ט	ע	ג	ת	ה	ם	פ	ר

אינטרסים
סריגה
פנאי
קסם
צילום
תענוג
קריאה
הרפיה
תפירה
מיומנות

פעילות
אמנות
קמפינג
מלאכת יד
ריקוד
דיג
משחקים
גינון
טיולים
ציד

95 - Literature

ד	ה	כ	כ	ט	ה	ה	ב	צ	ג	ח	ש	ן	מ
ל	ס	ס	נ	כ	צ	ח	ח	ג	ח	ל	ח	ד	ד
ח	מ	ג	ן	ף	כ	ה	ח	צ	ר	ט	מ	ק	י
ת	ר	נ	ט	ת	ד	ל	ע	ה	מ	ר	ב	ר	א
ע	כ	ו	פ	נ	ם	ח	ר	ב	ר	ג	ד	י	ל
ה	ע	ן	ז	ו	ס	נ	ן	ר	ס	ד	נ	י	ו
מ	ר	ם	ק	ס	א	נ	ל	ו	ג	י	ה	ן	ג
ת	כ	ב	צ	י	מ	ט	פ	ו	ר	ה	ג	נ	ס
י	ת	ף	ב	כ	ן	ב	י	ו	ג	ר	פ	י	ה
א	נ	ק	ד	ו	ט	ה	ש	ו	ו	א	ה	ת	ה
ו	ו	ר	י	ם	ף	ף	ע	ע	ב	ם	ד	ו	מ
ר	ש	ע	ו	ן	ע	ת	נ	כ	ע	ש	ש	ח	ע
ל	א	א	נ	מ	ח	ב	ר	א	ף	ה	ה	ג	ג
ב	ה	א	י	ס	ן	פ	ע	ן	ס	ש	י	ר	ן

מטפורה
קריין
רומן
שיר
פואטי
חרוז
קצב
סגנון
ערכת נושא
טרגדיה

אנלוגיה
ניתוח
אנקדוטה
מחבר
ביוגרפיה
השוואה
סיכום
תיאור
דיאלוג
בדיוני

96 - Geography

ג	מ	ס	נ	ב	ט	ש	ק	א	מ	ם	ו	ר	ד
ד	ע	ט	נ	א	ף	ח	ו	י	ה	ר	י	ע	ע
ל	ר	ה	ר	מ	פ	ק	ר	ס	ע	ם	ה	ט	ח
מ	ב	ט	א	ר	י	ה	ו	ף	ב	ר	פ	ט	ש
ט	ח	ט	ש	י	ם	מ	ח	נ	י	א	ל	ב	א
ל	ב	ח	נ	ד	א	י	ב	ה	ב	ם	ה	ג	פ
פ	ע	ו	ע	י	ט	ס	ף	ר	ש	ה	ג	ד	ר
א	ס	ט	ו	א	ל	פ	ד	מ	ת	ר	ו	ז	א
ח	ר	ף	ל	ן	ס	ר	מ	ן	מ	כ	ב	ט	ב
כ	ן	ן	ם	ס	צ	ה	ג	ת	כ	ד	ה	א	ש
כ	ח	ם	ד	ה	ס	ף	ח	מ	מ	ף	כ	ם	ג
פ	ה	נ	י	ד	מ	ג	ה	ל	נ	ד	מ	ם	ת
ט	א	ת	ן	ו	פ	צ	מ	ח	נ	ע	צ	ם	ג
ט	ע	מ	א	פ	ה	ש	ד	פ	ד	ג	מ	ל	ג

הר
צפון
אוקיינוס
אזור
נהר
ים
דרום
שטח
מערב
עולם

גובה
אטלס
עיר
יבשת
מדינה
המיספרה
אי
קו רוחב
מפה
מרידיאן

97 - Pets

א	נ	ל	ו	ת	ח	ם	מ	א	ג	ה	ן	צ	ז
ן	ו	ז	מ	כ	ע	ף	ל	א	ר	ה	ר	ם	נ
ד	כ	ר	ב	כ	ע	ן	ן	ד	ח	כ	ל	צ	ב
ה	א	ט	ל	פ	ז	ן	ו	ר	א	ו	ו	צ	ה
ש	ג	ב	א	ו	ג	ד	ד	ד	א	ט	ם	ס	ש
מ	ל	ל	צ	ת	ג	ח	צ	ה	ר	פ	ש	ח	נ
ב	ת	ח	ג	ו	ש	מ	ב	י	נ	ב	ם	ת	ה
ם	נ	ם	ב	כ	ש	ח	נ	מ	ב	ת	ב	ל	כ
נ	א	ם	ם	י	צ	ר	ל	ט	ס	צ	פ	ת	ש
ח	כ	צ	ל	כ	ב	צ	ח	ם	ר	צ	נ	ו	נ
פ	ח	מ	ת	ה	ס	ו	נ	ע	ם	י	מ	ל	ם
ן	נ	נ	ש	ש	ר	ע	נ	צ	ם	ב	ש	ב	ג
פ	ט	צ	צ	ע	פ	ה	ד	כ	צ	ר	ה	פ	ר
ב	א	פ	א	ף	ה	ר	ג	ו	א	ף	ש	ב	ב

חתול
צווארון
פרה
כלב
דג
מזון
עז
אוגר
חתלתול
רצועה

לטאה
עכבר
תוכי
כפות
כלבלב
ארנב
זנב
צב
וטרינר
מים

98 - Nature

צ	ו	ק	י	ם	מ	מ	צ	ש	ע	ש	ט	ת	ד
י	ע	ר	ח	י	ו	נ	י	ל	ָ	ר	ע	ת	ד
י	ו	פ	י	מ	ף	ת	פ	י	ל	ט	פ	ב	ב
ע	נ	נ	י	ם	ק	ה	מ	ו	ּ	פ	ב	ל	ו
ת	מ	נ	ף	ל	ב	ל	ד	ה	י	ר	ה	צ	ר
ס	ן	ת	ם	ל	ל	ע	ט	ד	ם	א	ה	ה	י
ג	ס	ם	ט	א	ס	ג	מ	ל	ד	י	מ	צ	ם
ד	י	נ	מ	י	ח	ס	ש	א	ר	ק	ט	י	נ
פ	ג	ל	ג	נ	ת	ר	ג	ם	ש	ר	ר	ף	ג
פ	ב	ם	מ	ר	פ	צ	ט	ש	נ	ח	י	ו	ת
כ	א	ד	ד	מ	ח	ר	ר	ג	צ	ו	י	ח	פ
ע	ג	ע	ב	ס	ש	ל	ו	ו	ה	ן	ע	ק	ט
א	ע	ל	ר	נ	ה	ר	פ	ל	כ	ר	ע	ל	ה
ס	ף	מ	מ	צ	ס	ט	י	ט	נ	ר	ן	ש	ט

חיות
ארקטי
יופי
דבורים
צוקים
עננים
מדבר
דינמי
שחיקה
ערפל
עָלִים
יער
קרחון
שליו
נהר
מקלט
שלווה
טרופי
חיוני
פראי

99 - Championship

מ	ט	ן	ר	פ	פ	ח	ת	ב	צ	מ	צ	נ	ל
מ	ש	ח	ת	ב	ף	א	ס	ט	ר	ט	ג	י	ה
ו	ו	ח	ז	ס	נ	ל	צ	י	ן	ט	מ	צ	צ
ט	פ	צ	ק	י	ד	ע	ף	צ	ב	מ	ם	ח	ת
י	ט	ל	מ	י	ע	ע	ח	ש	ח	ו	ג	ו	נ
ב	ל	ג	פ	ס	ם	ה	ל	י	ג	ה	ל	ן	ל
צ	ג	נ	ן	ט	ת	מ	ג	ב	ט	כ	ע	ת	ם
י	מ	א	ל	ו	ף	ף	ד	כ	ת	א	ש	ת	צ
ה	ר	ל	ח	ד	ם	ף	מ	א	ע	נ	ר	מ	ו
מ	ד	ל	י	ה	ף	צ	א	ל	י	פ	ו	ת	ו
ב	י	צ	ו	ע	י	ם	מ	כ	ן	ס	ע	ד	ת
ט	ו	ר	נ	י	ר	ע	ן	ט	ס	ט	כ	נ	ס
ס	פ	ו	ר	ט	ח	ע	כ	ע	ל	ע	א	צ	ם
ל	ס	נ	ש	ש	ט	ר	ל	ב	ב	ם	צ	ם	ד

אלוף
אליפות
מאמן
סיבולת
לגמר
משחקים
שופט
ליגה
מדליה

מוטיבציה
ביצועים
זיעה
ספורט
אסטרטגיה
צוות
טורניר
ניצחון

100 - Vacation #2

ב	ף	נ	ג	ש	ד	פ	ת	ק	ח	ן	ג	ש	נ
ג	ר	ע	פ	ד	א	פ	מ	מ	ס	ע	ד	ה	מ
ג	מ	נ	ב	ה	ה	נ	ם	פ	צ	ס	ז	ר	ל
א	ו	ד	פ	ת	ט	ח	א	י	מ	ג	ד	י	ו
פ	נ	א	י	ע	ר	ג	ף	נ	ע	ב	ר	ם	ן
ע	י	ע	ר	ו	כ	ד	ד	ג	ע	ד	מ	ס	ת
ם	ת	מ	ם	פ	ב	ח	מ	ב	ם	כ	ף	ד	פ
ש	ן	פ	ת	ה	ת	ח	ב	ו	ר	ה	ם	ל	ם
כ	ב	ה	פ	ד	ר	כ	ו	ן	י	ף	צ	ן	פ
כ	ם	ל	מ	ס	ה	ס	י	ף	ת	ם	כ	ף	ם
מ	ס	ע	ט	צ	ה	ש	ז	ם	ד	צ	ד	ט	ף
ר	ש	ס	ח	ה	א	ו	ה	ל	נ	צ	פ	ת	ת
ס	ר	ב	ג	ם	ל	כ	צ	כ	ח	ש	ם	צ	ע
ט	א	ס	ג	ג	ס	נ	כ	ת	נ	ף	פ	ת	ע

מפה
הרים
דרכון
מסעדה
ים
מונית
אוהל
רכבת
תחבורה
ויזה

שדה תעופה
חוף
קמפינג
יעד
זר
חג
מלון
אי
מסע
פנאי

1 - Food #1

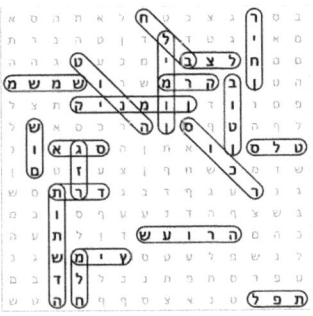

2 - Castles

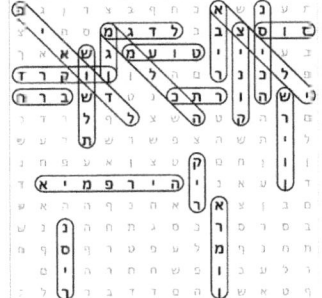

3 - Measurements

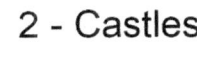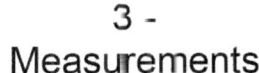

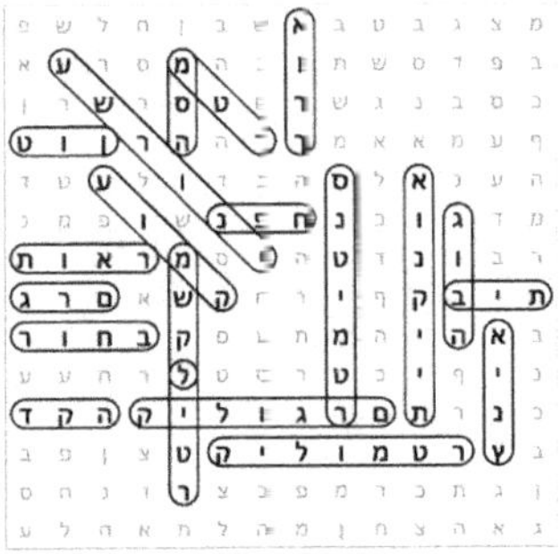

4 - Farm #2

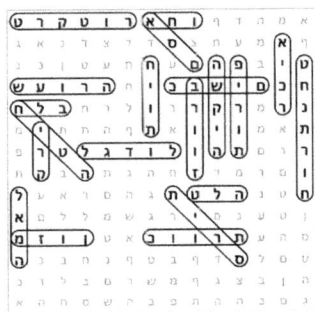

5 - Books

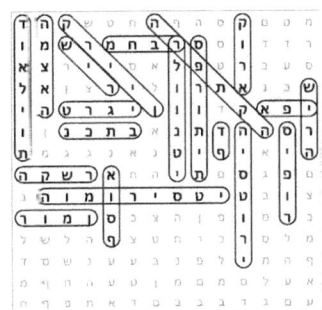

6 - Meditation

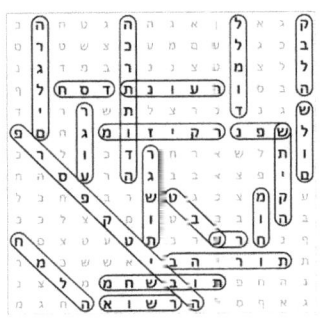

7 - Days and Months

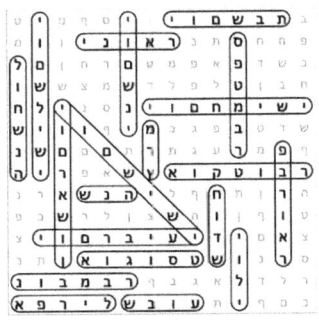

8 - Chess

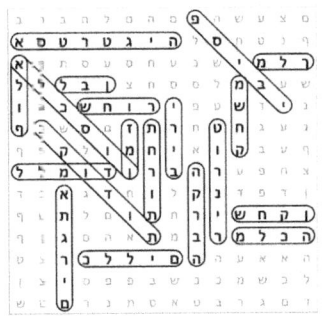

9 - Food #2

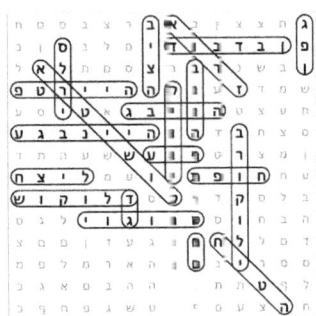

10 - Family

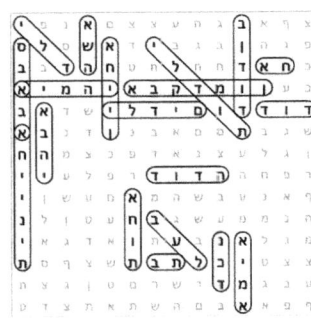

11 - Farm #1

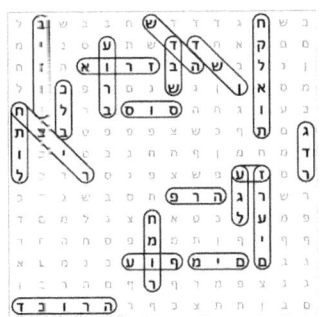

12 - Camping

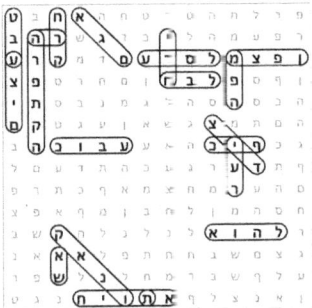

13 - Conservation

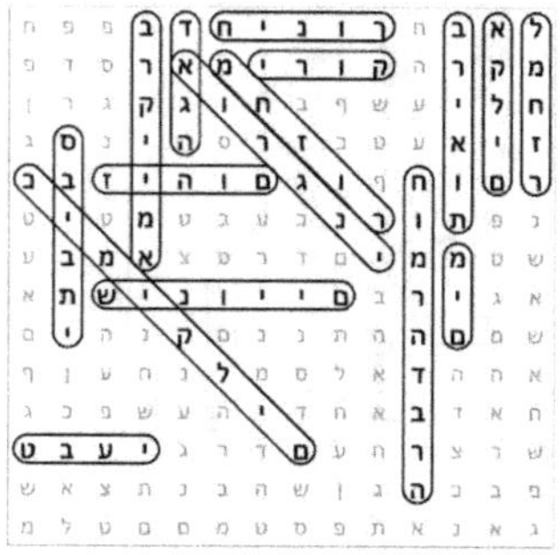

14 - Cats

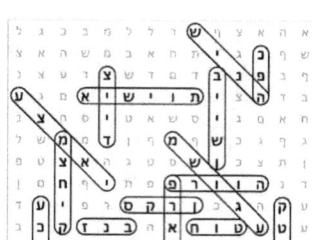

15 - Numbers

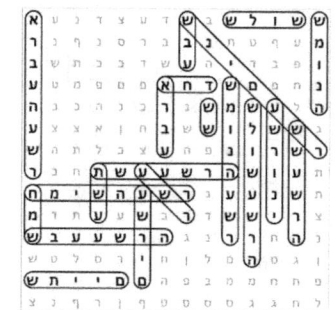

16 - Spices

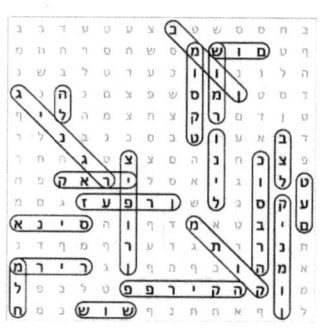

17 - Mammals

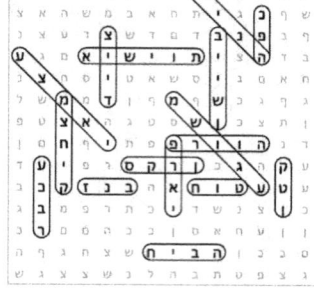

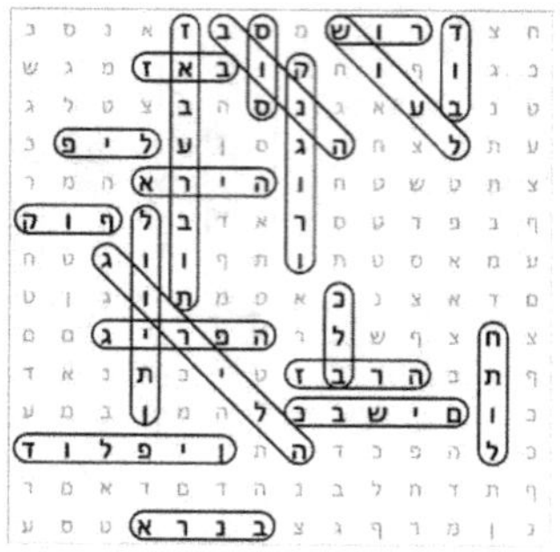

18 - Fishing

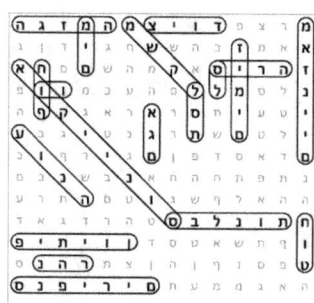

19 - Restaurant #1

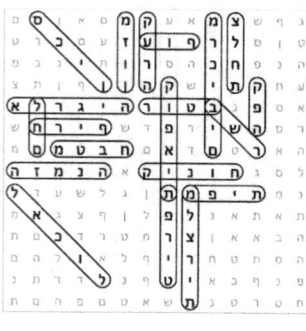

20 - Bees

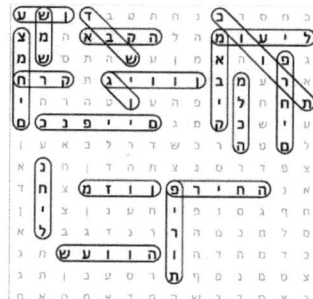

21 - Sports

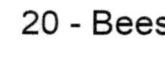

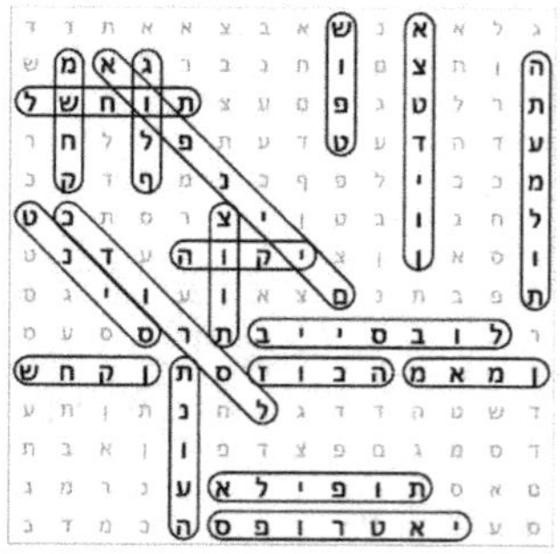

22 - Weather

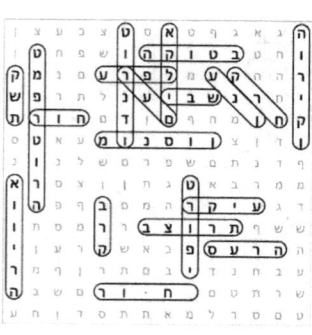

23 - Adventure

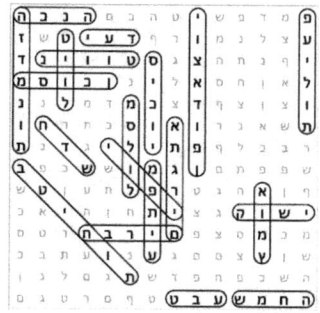

24 - Circus

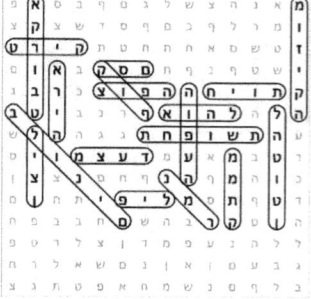

25 - Restaurant #2

26 - Geology

27 - House

28 - Bathroom

29 - School #1

30 - Dance

31 - Colors

32 - Climbing

33 - Shapes

34 - Scientific Disciplines

35 - School #2

36 - Science

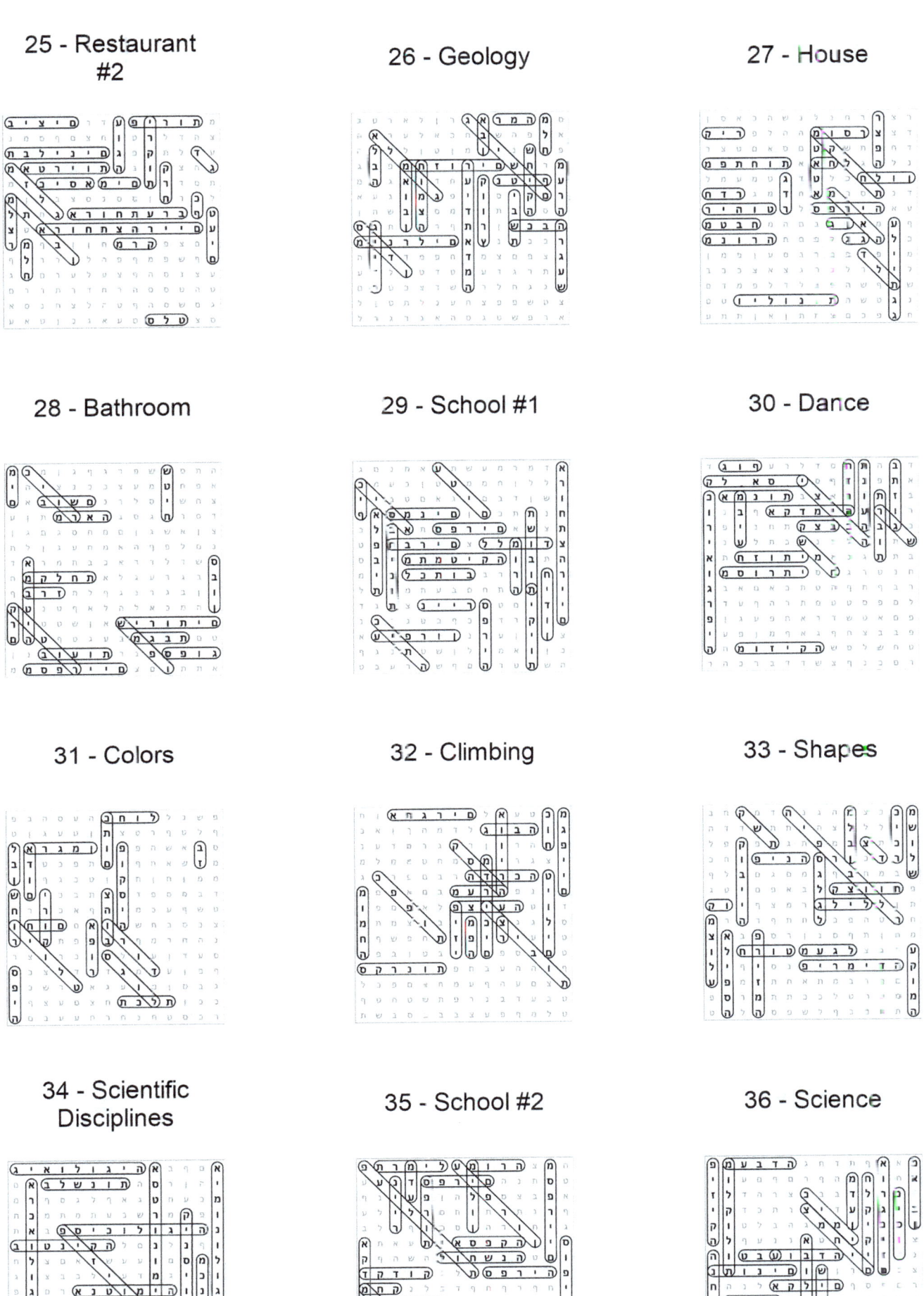

37 - To Fill

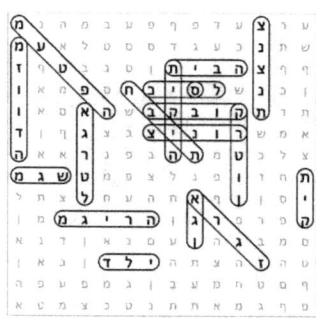

38 - Summer

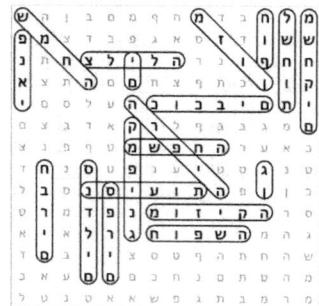

39 - Clothes

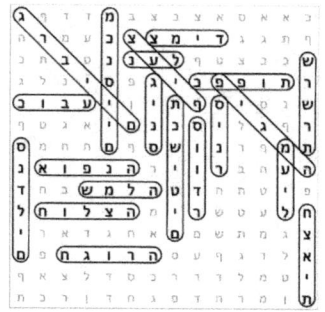

40 - Insects

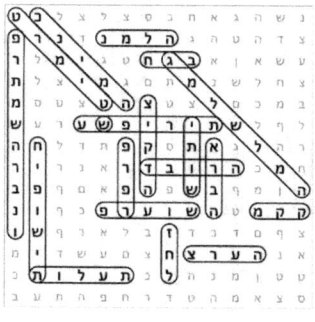

41 - Astronomy

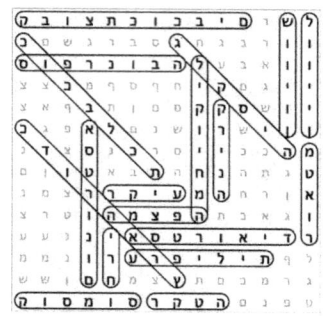

42 - Pirates

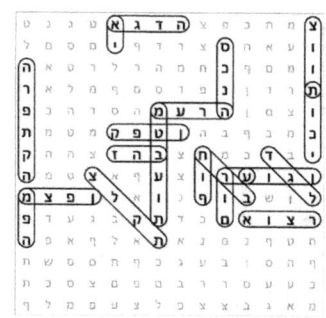

43 - Time

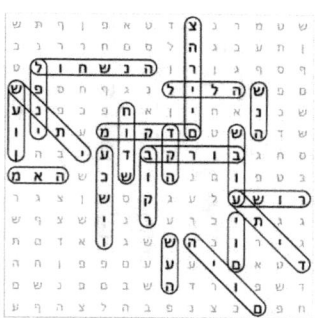

44 - Buildings

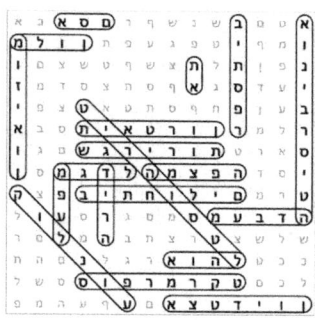

45 - Herbalism

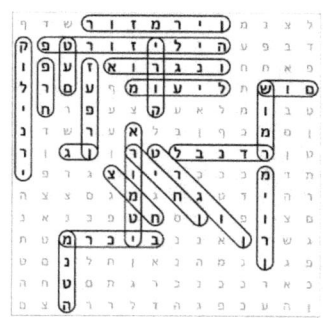

46 - Toys

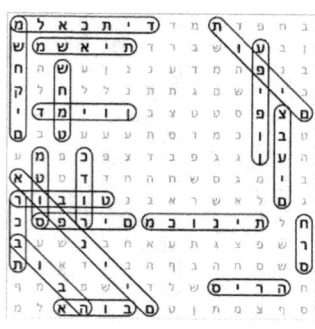

47 - Vehicles

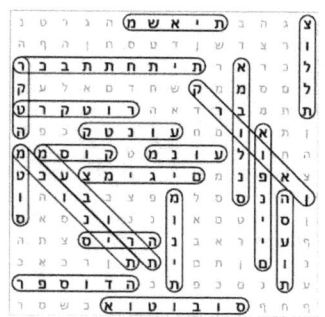

48 - Flowers

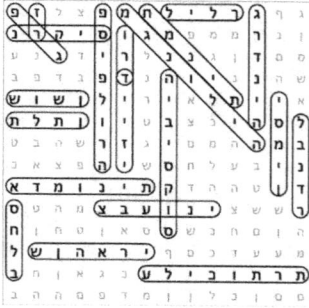

49 - Town

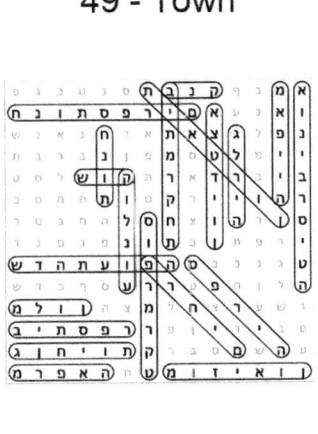

50 - Antarctica

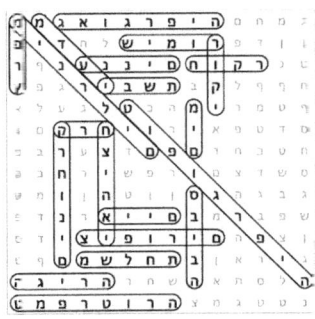

51 - Ballet

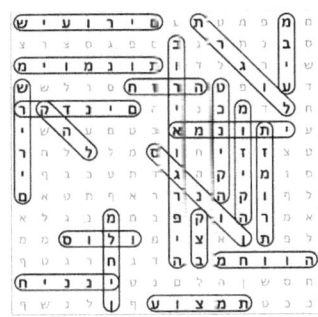

52 - Human Body

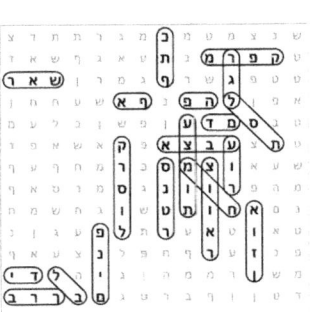

53 - Musical Instruments

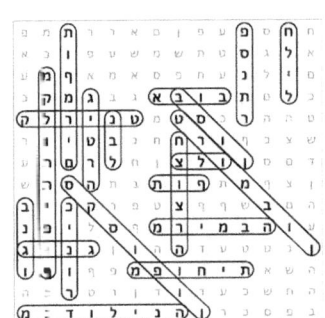

54 - Fruit

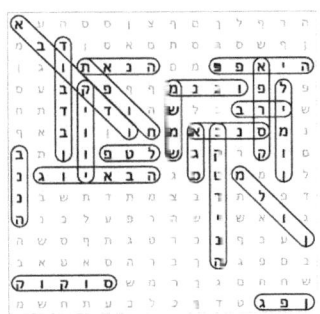

55 - Virtues #1

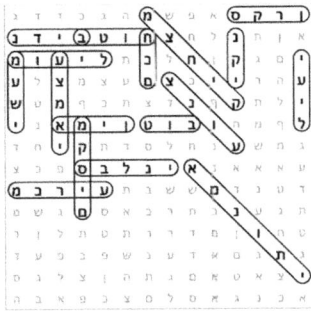

56 - Kitchen

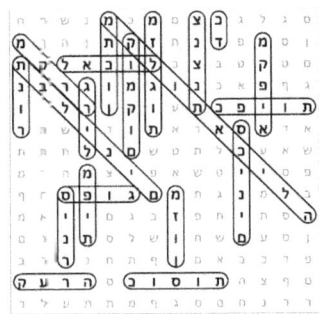

57 - Art Supplies

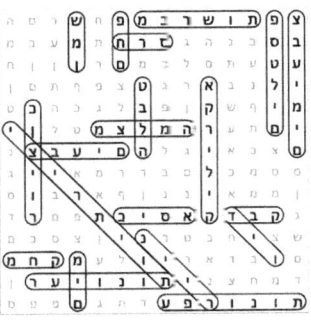

58 - Science Fiction

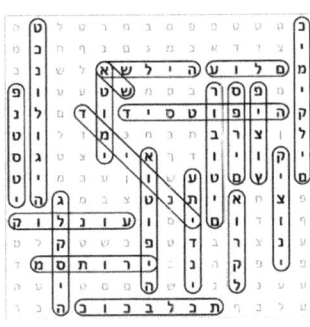

59 - Kindness

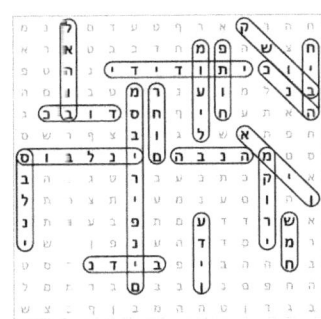

60 - Airplanes

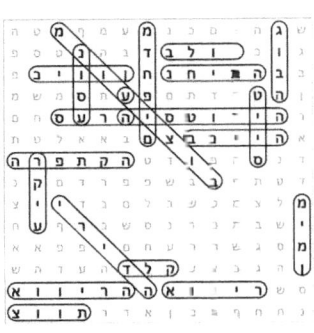

61 - Ocean

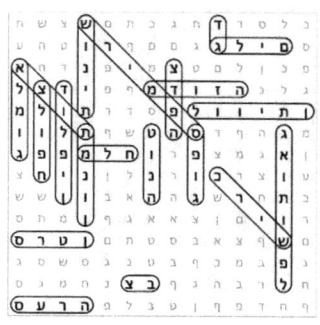

62 - Birds

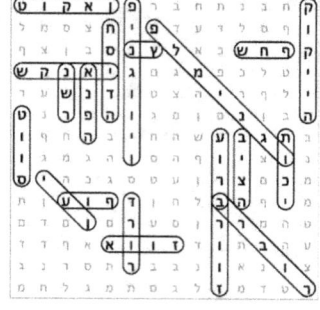

63 - Art

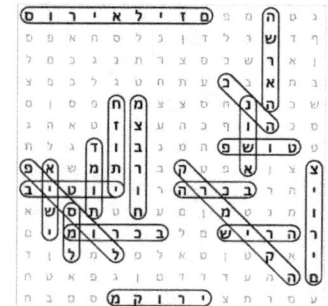

64 - Nutrition

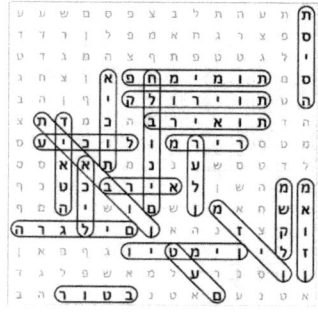

65 - Hiking

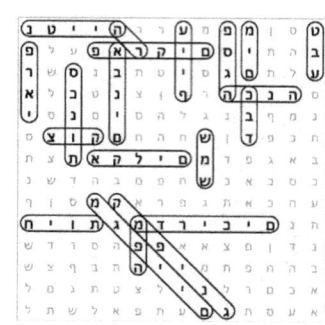

66 - Professions #1

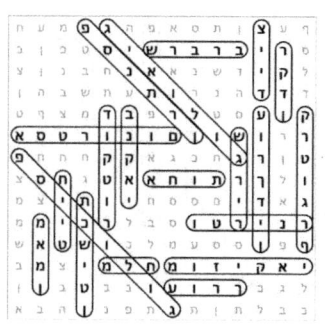

67 - Dinosaurs

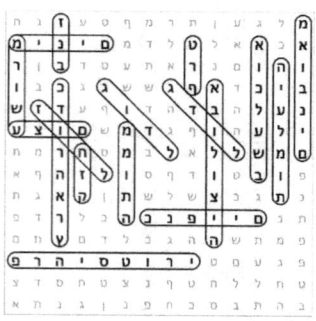

68 - Barbecues

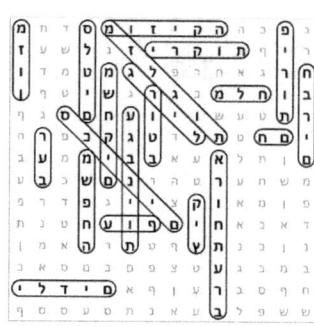

69 - Surfing

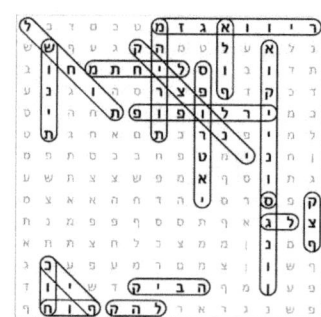

70 - Chocolate

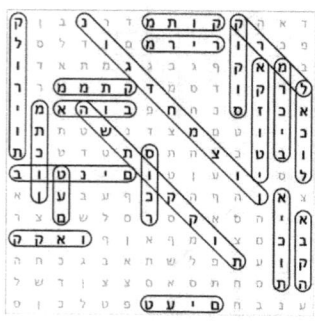

71 - Vegetables

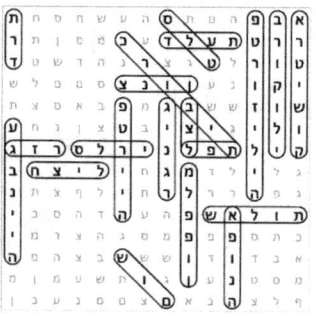

72 - Boats

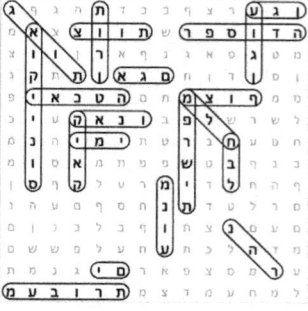

73 - Activities and Leisure

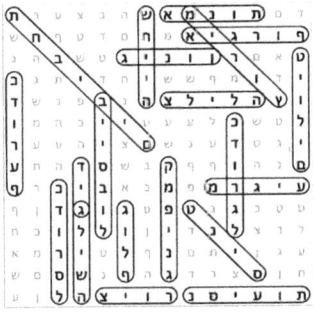

74 - Driving

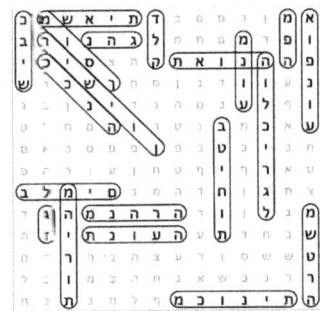

75 - Professions #2

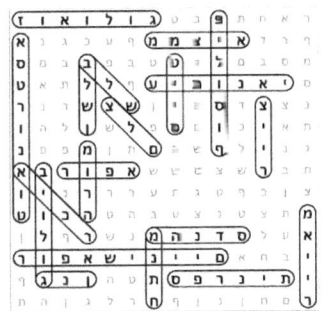

76 - Emotions

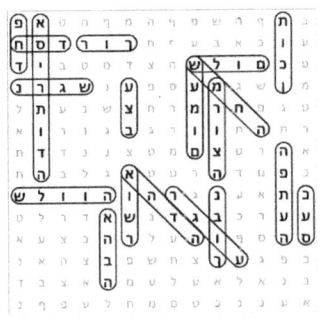

77 - Mythology

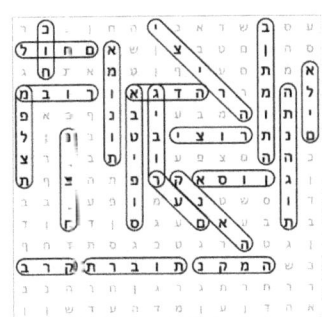

78 - Hair Types

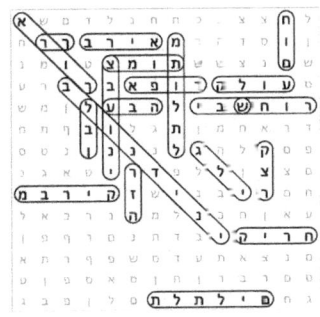

79 - Furniture

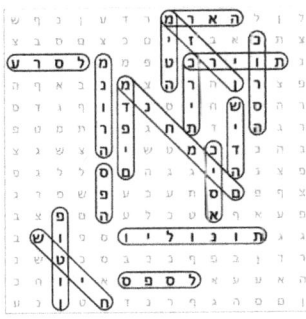

80 - Garden

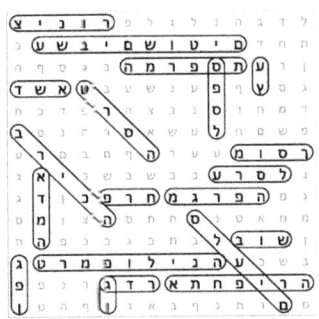

81 - Birthday

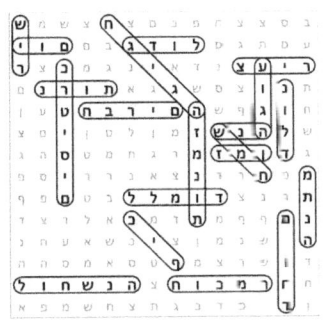

82 - Beach

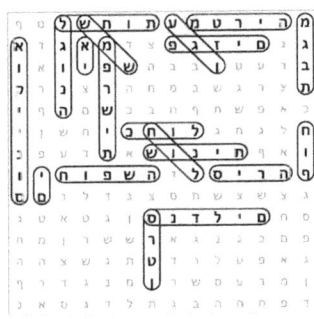

83 - Adjectives #1

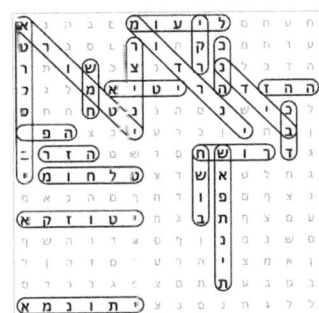

84 - Rainforest

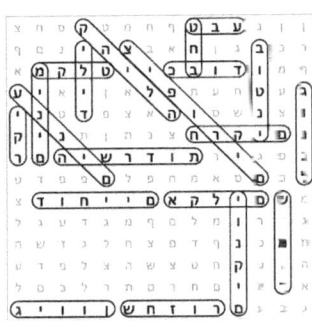

85 - Technology

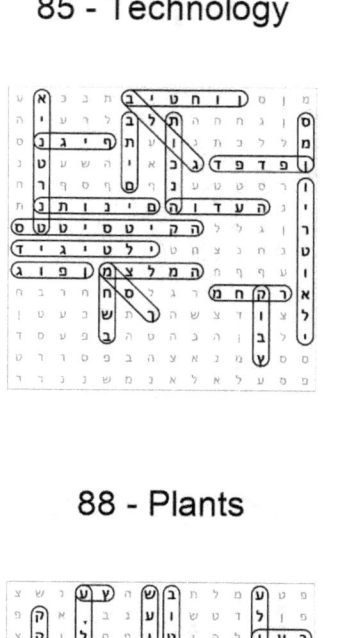

86 - Landscapes

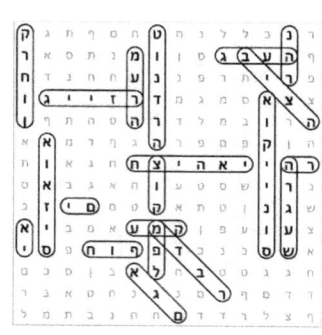

87 - Visual Arts

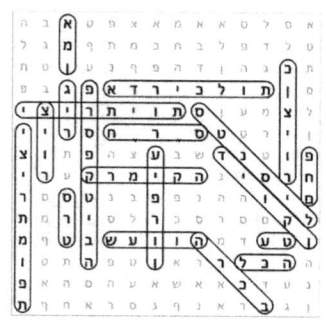

88 - Plants

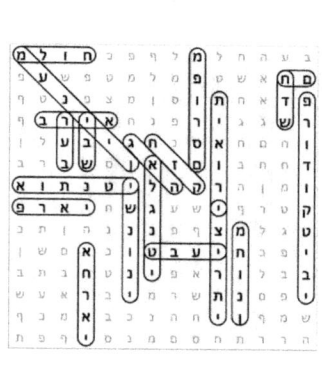

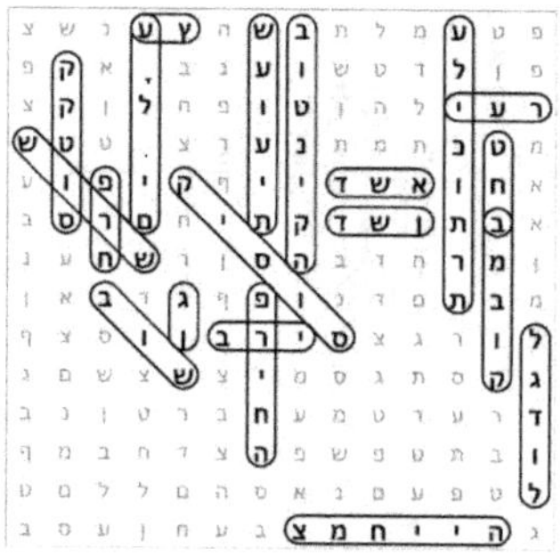

89 - Countries #2

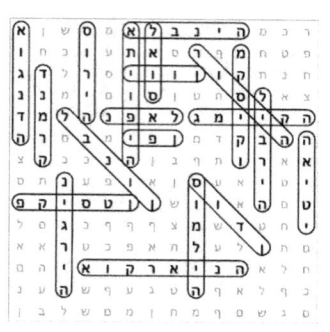

90 - Ecology

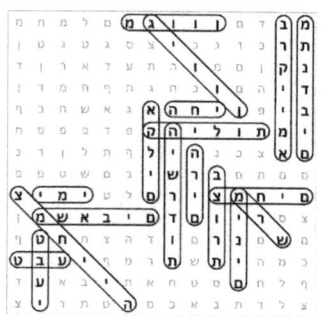

91 - Adjectives #2

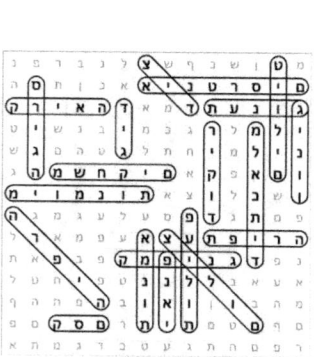

92 - Math

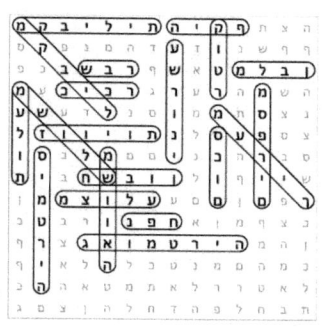

93 - Water

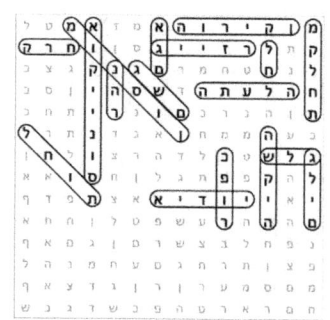

94 - Activities

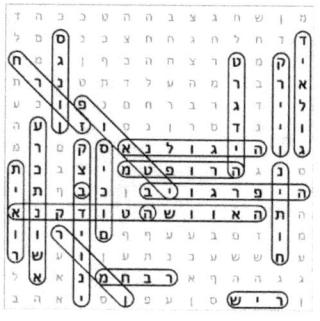

95 - Literature

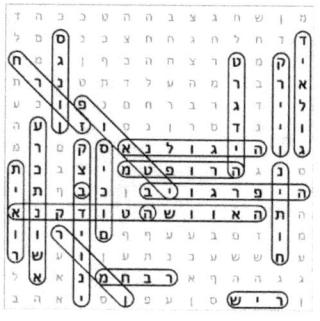

96 - Geography

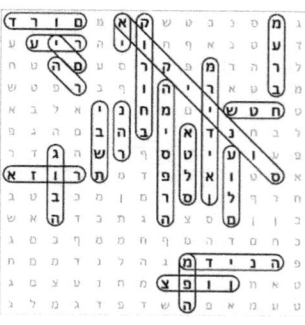

97 - Pets

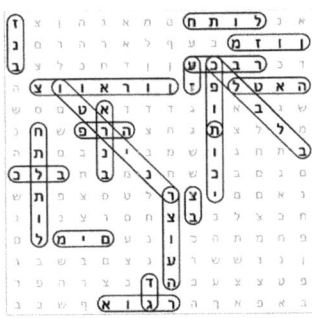

98 - Nature

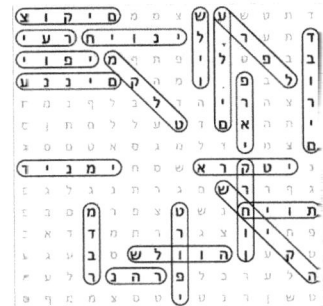

99 - Championship

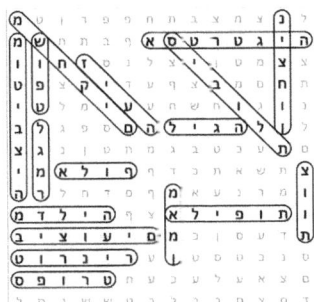

100 - Vacation #2

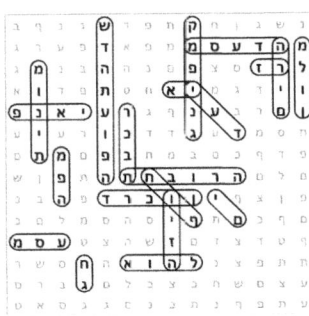

Dictionary

Activities

תויוליעפ

Activity	תוליעפ
Art	תונמא
Camping	גניפמק
Crafts	די תכאלמ
Dancing	דוקיר
Fishing	גיד
Games	םיקחשמ
Gardening	ןוניג
Hiking	םילויט
Hunting	דיצ
Interests	םיסרטניא
Knitting	הגירס
Leisure	יאנפ
Magic	םסק
Photography	םוליצ
Pleasure	גונעת
Reading	האירק
Relaxation	היפרה
Sewing	הריפת
Skill	תונמוימ

Activities and Leisure

יאנפו תויוליעפ

Art	תונמא
Baseball	לובסייב
Basketball	לסרודכ
Boxing	ףורגיא
Camping	גניפמק
Diving	הלילצ
Fishing	גיד
Gardening	ןוניג
Golf	ףלוג
Hiking	םילויט
Hobbies	םיביבחת
Painting	רויצ
Racing	ץורימ
Relaxing	עיגרמ
Soccer	לגרודכ
Surfing	השילג
Swimming	הייחש
Tennis	סינט
Travel	תועיסנ
Volleyball	ףערודכ

Adjectives #1

רואת תומש #1

Absolute	טלחומ
Ambitious	תינתפאש
Aromatic	יטמורא
Artistic	יתונמא
Attractive	יביטקרטא
Beautiful	הפי
Dark	ךושח
Exotic	יטוזקא
Generous	בידנ
Happy	חמש
Heavy	דבכ
Helpful	ליעומ
Honest	הנכ
Identical	ההז
Important	בושח
Modern	ינרדומ
Serious	יניצר
Slow	יטיא
Thin	הזר
Valuable	רקי

Adjectives #2

רואת תומש #2

Authentic	יטנתוא
Creative	יתריצי
Descriptive	ירואית
Dry	שבי
Elegant	יטנגלא
Famous	םסרופמ
Gifted	ןנוחמ
Healthy	אירב
Hot	םח
Hungry	בער
Interesting	ןיינעמ
Natural	יעבט
New	שדח
Productive	יביטקודורפ
Proud	האג
Responsible	יארחא
Salty	חולמ
Sleepy	ינונשי
Strong	קזח
Wild	יארפ

Adventure

הקתפרה

Activity	תוליעפ
Beauty	יפוי
Bravery	ץמוא
Challenges	םירגתא
Chance	יוכיס
Dangerous	ןכוסמ
Destination	דעי
Difficulty	ישוק
Excursion	לויט
Friends	םירבח
Itinerary	לולסמ
Joy	החמש
Nature	עבט
Navigation	טווינ
New	שדח
Opportunity	תונמדזה
Preparation	הנכה
Safety	תוחיטב
Surprising	עיתפמ
Unusual	ןפוד אצוי

Airplanes

םיסוטמ

Adventure	הקתפרה
Air	ריווא
Atmosphere	הריווא
Balloon	ןולב
Construction	הינב
Crew	תווצ
Descent	הדירי
Design	בוציע
Direction	ןוויכ
Engine	עונמ
Fuel	קלד
Height	הבוג
History	הירוטסיה
Hydrogen	ןמימ
Landing	התיחנ
Passenger	עסונ
Pilot	סייט
Propellers	םיפחדמ
Sky	עיקר
Turbulence	הרעס

Antarctica
אנטארקטיקה

Bay	מפרץ
Birds	ציפורים
Clouds	ענני
Conservation	שימור
Continent	יבשת
Environment	סביבה
Expedition	משלחת
Geography	גאוגרפי
Glaciers	קרחוני
Ice	קרח
Islands	איים
Migration	הגירה
Minerals	מינרלי
Peninsula	חצי אי
Researcher	חוקר
Rocky	רוקי
Scientific	מדעי
Temperature	טמפרטורה
Topography	טופוגרפי
Water	מים

Art
אמנות

Ceramic	קרמיקה
Complex	מורכב
Composition	הרכב
Expression	ביטוי
Figure	דמות
Honest	כנה
Inspired	השראה
Mood	מצב רוח
Original	מקורי
Paintings	ציורים
Personal	אישי
Poetry	שירה
Sculpture	פיסול
Simple	פשוט
Subject	נושא
Surrealism	סוריאליזם
Symbol	סמל
Visual	חזותי

Art Supplies
ציוד אמנות

Acrylic	אקרילי
Brushes	מברשות
Camera	מצלמה
Chair	כיסא
Charcoal	פחם
Clay	חרס
Colors	צבעים
Creativity	יצירתיות
Easel	כן ציור
Eraser	מחק
Glue	דבק
Ideas	רעיונות
Ink	דיו
Oil	שמן
Paper	נייר
Pastels	פסטלים
Pencils	עפרונות
Table	שולחן
Water	מים
Watercolors	צבעי מים

Astronomy
אסטרונומיה

Asteroid	אסטרואיד
Astronaut	אסטרונאוט
Astronomer	אסטרונום
Constellation	קבוצת כוכבים
Cosmos	קוסמוס
Earth	כדור הארץ
Eclipse	ליקוי חמה
Equinox	שוויון
Galaxy	גלקסיה
Meteor	מטאור
Moon	ירח
Nebula	ערפילית
Observatory	מצפה
Planet	כוכב לכת
Radiation	קרינה
Rocket	רקטה
Satellite	לוויין
Sky	רקיע
Supernova	סופרנובה
Zodiac	גלגל המזלות

Ballet
בלט

Artistic	אמנותי
Audience	קהל
Choreography	כוריאוגרפיה
Composer	מלחין
Dancers	רקדנים
Expressive	מביע
Gesture	מחווה
Graceful	חינני
Intensity	עוצמה
Lessons	שיעורים
Muscles	שרירים
Music	מוזיקה
Orchestra	תזמורת
Practice	תרגול
Rehearsal	חזרה
Rhythm	קצב
Skill	מיומנות
Solo	סולו
Style	סגנון
Technique	טכניקה

Barbecues
ברביקיו

Chicken	עוף
Children	ילדים
Dinner	ארוחת ע״ב
Family	משפחה
Food	מזון
Forks	מזלגות
Friends	חברים
Fruit	פירות
Games	משחקים
Grill	גריל
Hot	חם
Hunger	רעב
Knives	סכינים
Music	מוזיקה
Salads	סלטים
Salt	מלח
Sauce	רוטב
Summer	קיץ
Tomatoes	עגבניות
Vegetables	ירקות

Bathroom
היטבמא רדח

Bath	היטבמא
Bubbles	תועוב
Faucet	זרב
Lotion	םרק
Mirror	הארמ
Perfume	םשוב
Rug	חיטש
Scissors	םיירפסמ
Shampoo	ופמש
Shower	תחלקמ
Sink	רויכ
Soap	ןובס
Sponge	גופס
Steam	רוטיק
Toilet	םיתוריש
Towel	תבגמ
Water	םימ

Beach
ףוח

Blue	לוחכ
Boat	הריס
Coast	ףוח
Crab	ןטרס
Dock	ןגע
Island	יא
Lagoon	הנוגל
Ocean	סונייקוא
Reef	תינוש
Sailboat	תישרפמ
Sand	לוח
Sandals	םילדנס
Sea	םי
Shells	םיזגפ
Sun	שמש
To Swim	תוחשל
Towel	תבגמ
Umbrella	הירטמ
Vacation	השפוח

Bees
םירובד

Beneficial	ליעומ
Blossom	החירפ
Diversity	ןוויג
Flowers	םיחרפ
Food	ןוזמ
Fruit	תוריפ
Garden	ןג
Hive	תרווכ
Honey	שבד
Insect	קרח
Plants	םיחמצ
Pollen	הקבא
Pollinator	קיבאמ
Queen	הכלמ
Smoke	ןשע
Sun	שמש
Swarm	ליחנ
Wax	הוועש
Wings	םייפנכ

Birds
םירופיצ

Chicken	ףוע
Crow	ברוע
Cuckoo	הייקוק
Duck	זוורב
Eagle	רשנ
Egg	הציב
Flamingo	וגנימלפ
Goose	זווא
Gull	ףחש
Hawk	ץנ
Heron	הפנא
Ostrich	ןעי
Parrot	יכות
Peacock	סווט
Pelican	שאנקי
Penguin	ןיווגניפ
Sparrow	רורד
Stork	הדיסח
Swan	רוברב
Toucan	ןאקוט

Birthday
תדלוה םוי

Born	דלונ
Cake	הגוע
Calendar	הנש חול
Candles	תורנ
Cards	םיסיטרכ
Celebration	הגיגח
Day	םוי
Friends	םירבח
Fun	ףיכ
Gift	הנתמ
Great	לודג
Happy	חמש
Invitations	תונמזה
Song	ריש
Special	דחוימ
Time	ןמז
To Learn	דומלל
Wisdom	המכוח
Year	הנש
Young	ריעצ

Boats
תוריס

Anchor	ןגוע
Buoy	ףוצמ
Canoe	ונאק
Crew	תווצ
Dock	ןגע
Engine	עונמ
Ferry	תרובעמ
Kayak	קאיק
Lake	םגא
Mast	ןרות
Nautical	ימי
Ocean	סונייקוא
Raft	הדוספר
River	רהנ
Rope	לבח
Sailboat	תישרפמ
Sailor	חלמ
Sea	םי
Tide	תואג
Yacht	הטכאי

Books

םירפס

Adventure	הקתפרה
Author	רבחמ
Collection	ףסוא
Context	רשקה
Duality	תוילאוד
Epic	יפא
Historical	ירוטסיה
Humorous	יטסירומוה
Inventive	האצמה
Literary	תיתורפס
Narrator	ןיירק
Novel	ןמור
Page	ףד
Poem	ריש
Poetry	הריש
Reader	ארוק
Relevant	יטנוולר
Story	רופיס
Tragic	יגרט
Written	בתכנ

Buildings

םיניינב

Apartment	הריד
Barn	םסא
Cabin	את
Castle	הריט
Cinema	עונלוק
Embassy	תוריגש
Factory	לעפמ
Hospital	םילוח תיב
Hostel	לטסוה
Hotel	ןולמ
Laboratory	הדבעמ
Museum	ןואיזומ
Observatory	הפצמה
School	רפס תיב
Stadium	ןוידטצא
Supermarket	טקרמרפוס
Tent	להוא
Theater	ןורטאית
Tower	לדגמ
University	הטיסרבינוא

Camping

תואנחמ

Adventure	הקתפרר
Animals	חויר
Cabin	אר
Canoe	ואק
Compass	ןפצמ
Fire	שא
Forest	רעי
Fun	ףיכ
Hammock	לסרע
Hat	עבוכ
Hunting	דיצ
Insect	קרק
Lake	םגא
Map	הפמ
Moon	חרי
Mountain	רה
Nature	עבט
Rope	לבח
Tent	להוא
Trees	םיצע

Castles

תוריט

Armor	ןוירש
Catapult	טועמ
Crown	רתכ
Dragon	ןוקרד
Dungeon	קוניצ
Dynasty	תלשוש
Empire	הירפמיא
Feudal	לדואיפ
Horse	סוס
Kingdom	הכלממ
Knight	ריבא
Noble	יליצא
Palace	ןומרא
Prince	ךיסנ
Princess	הכיסנ
Shield	ןגמ
Sword	ברח
Tower	לדגמ
Wall	ריק

Cats

םילותח

Affectionate	הביח
Crazy	עגושמ
Curious	ןרקס
Funny	קיחצמ
Fur	הוורפ
Hunter	דייצ
Independent	יאמצע
Little	ןטק
Mouse	רבכע
Paw	הפכ
Personality	תוישיא
Shy	ןשייב
Sleep	הניש
Tail	בנז
Wild	יארפ
Yarn	טוח

Championship

תופילא

Champion	ףולא
Championship	רופ לא
Coach	ןמאמ
Endurance	הלוביס
Finalist	רמגל
Games	םיקחשמ
Judge	טפוש
League	הגיל
Medal	הילדמ
Motivation	היצביטומ
Performance	םיעוציב
Perspiration	הזעה
Sports	טרופס
Strategy	היגטרטסא
Team	תווצ
Tournament	ריטרוט
Victory	ןוחצינ

Chess

טמחש

Black	רוחש
Challenges	םירגתא
Champion	ףולא
Contest	תורחת
Diagonal	ןוסכלא
Game	קחשמ
King	ךלמ
Opponent	ביר
Passive	יביספ
Player	ןקחש
Points	תודוקנ
Queen	הכלמ
Rules	םיללכ
Sacrifice	הברקה
Strategy	היגטרטסא
Time	ןמז
To Learn	דומלל
Tournament	רינרוט
White	ןבל

Chocolate

דלוקוש

Antioxidant	ןוצמח דגונ
Bitter	רירמ
Cacao	ואקק
Calories	תוירולק
Candy	קתממ
Caramel	למרק
Coconut	סוקוק
Craving	תוקקותשה
Delicious	םיעט
Exotic	יטוזקא
Favorite	בוהא
Ingredient	ביכרמ
Peanuts	םינטוב
Powder	הקבא
Quality	תוכיא
Recipe	ןוכתמ
Sugar	רכוס
Sweet	קותמ
Taste	םעט
To Eat	לוכאל

Circus

סקרק

Acrobat	טבורקא
Animals	תויח
Balloons	םינולב
Candy	קתממ
Clown	ןציל
Costume	תשופחת
Elephant	ליפ
Juggler	ןטוטהל
Lion	הירא
Magic	םסק
Monkey	ףוק
Music	הקיזומ
Parade	דעצמ
Show	העפוה
Spectator	הפוצ
Tent	להוא
Tiger	רמנ
Trick	קירט

Climbing

סופיט

Altitude	הבוג
Atmosphere	הריווא
Boots	םייפגמ
Cave	הרעמ
Challenges	םירגתא
Curiosity	תונרקס
Expert	החמומ
Gloves	תופפכ
Guides	םיכירדמ
Helmet	הדסק
Hiking	םילויט
Injury	העיצפ
Map	הפמ
Narrow	רצ
Physical	יזיפ
Stability	תוביצי
Strength	חוכ
Training	הכרדה

Clothes

םידגב

Apron	רניס
Belt	הרוגח
Bracelet	דימצ
Coat	ליעמ
Dress	הלמש
Fashion	הנפוא
Gloves	תופפכ
Hat	עבוכ
Jeans	סני'ג
Jewelry	םיטישכת
Necklace	תרשרש
Pajamas	המ'גיפ
Pants	םייסנכמ
Sandals	םילדנס
Scarf	ףיעצ
Shirt	הצלוח
Shoe	לענ
Skirt	תיאצח
Socks	םייברג
Sweater	רדווס

Colors

םיעבצ

Beige	'זב
Black	רוחש
Blue	לוחכ
Brown	םוח
Cyan	תלכת
Fuchsia	היסקופ
Green	קורי
Grey	רופא
Magenta	ןמגרא
Orange	םותכ
Pink	דורו
Purple	לוגס
Red	םודא
Sepia	היפס
Violet	טלויו
White	ןבל
Yellow	בוהצ

Conservation

רומיש

Changes	םייוניש
Chemicals	םילקימיכ
Climate	םילקא
Concern	הגאד
Cycle	רוזחמ
Education	ךוניח
Environmental	יתביבס
Green	קורי
Health	תואירב
Natural	יעבט
Organic	ינגרוא
Pesticide	הרבדה רמוח
Pollution	םוהיז
Recycle	רזחמל
Sustainable	אמייק רב
Water	םימ

Countries #2

תונידמ #2

Albania	הינבלא
Denmark	קרמנד
Ethiopia	היפויתא
Greece	ןוי
Haiti	יטיאה
Jamaica	הקיימ'ג
Japan	ןפי
Laos	סואל
Lebanon	ןונבל
Liberia	הירביל
Mexico	וקיסקמ
Nepal	לאפנ
Nigeria	הירגינ
Pakistan	ןטסיקפ
Russia	היסור
Somalia	הילמוס
Sudan	ןדוס
Syria	הירוס
Uganda	הדנגוא
Ukraine	הניארקוא

Dance

דוקיר

Academy	הימדקא
Art	תונמא
Body	ףוג
Choreography	היפרגואירוכ
Classical	יסאלק
Culture	תוברת
Emotion	שגר
Expressive	עיבמ
Joyful	חמש
Movement	העונת
Music	הקיזומ
Partner	גוז תב
Posture	הביצי
Rehearsal	הרזח
Rhythm	בצק
Traditional	יתרסמ
Visual	יתוזח

Days and Months

םישדוחו םימי

April	לירפא
August	טסוגוא
Calendar	הנש חול
February	ראורבפ
Friday	ישיש םוי
January	ראוני
July	ילוי
March	ץרמ
Monday	ינש םוי
Month	שדוח
November	רבמבונ
October	רבוטקוא
Saturday	תבש םוי
September	רבמטפס
Sunday	ןושאר םוי
Thursday	ישימח םוי
Tuesday	ישילש םוי
Wednesday	יעיבר םוי
Week	עובש
Year	הנש

Dinosaurs

בירואזוניד

Disappearance	תומלעיה
Earth	ץראה רודכ
Enormous	םוצע
Evolution	היצולובא
Fossils	םינבואמ
Herbivore	בשע לכוא
Large	לודג
Mammoth	התוממ
Powerful	קזח
Prehistoric	ירוטסיהרפ
Prey	ףרט
Reptile	לחוז
Size	לדוג
Species	םינימ
Tail	בנז
Vicious	עשורמ
Wings	םייפנכ

Driving

הגיהנ

Accident	הנואת
Brakes	םימלב
Car	תינוכמ
Danger	הנכס
Driver	גהנ
Fuel	קלד
Garage	ךסומ
Gas	זג
License	ןוישיר
Map	הפמ
Motor	עונמ
Motorcycle	עונפוא
Pedestrian	לגר יכלוה
Police	הרטשמ
Road	שיבכ
Safety	תוחיטב
Speed	תוריהמ
Traffic	העונת
Truck	תיאשמ
Tunnel	הרהנמ

Ecology
היגולוקא

Climate	םילקא
Communities	תוליהק
Diversity	ןוויג
Drought	תרוצב
Fauna	יחה
Marine	ימי
Marsh	שרמ
Mountains	םירה
Natural	יעבט
Nature	עבט
Plants	םיחמצ
Resources	םיבאשמ
Species	םינימ
Survival	תודרשיה
Sustainable	אמייק רב
Variety	ןווגמ
Vegetation	הייחמצ
Volunteers	םיבדנתמ

Emotions
תושגר

Anger	סעכ
Bliss	רשוא
Boredom	םומעש
Calm	עוגר
Content	ןכות
Embarrassed	ךובנ
Excited	שגרנ
Fear	דחפ
Grateful	הדות ריסא
Joy	החמש
Kindness	דסח
Love	הבהא
Peace	םולש
Sadness	בצע
Satisfied	הצורמ
Surprise	העתפה
Sympathy	הדהא
Tenderness	ךור
Tranquility	הוולש

Family
יתחפשמ רדח

Ancestor	ןומדק בא
Aunt	הדוד
Brother	חא
Child	דלי
Childhood	תודלי
Children	םידלי
Cousin	ןב דוד
Daughter	תב
Father	אבא
Grandfather	אבס
Grandson	דכנ
Husband	לעב
Maternal	יהמיא
Mother	אמיא
Nephew	ןייחא
Niece	תינייחא
Paternal	יהבא
Sister	תוחא
Uncle	דוד
Wife	השא

Farm #1
קשמ #1

Agriculture	תואלקח
Bee	הרובד
Bison	ןוזיב
Calf	לגע
Cat	לותח
Chicken	ףוע
Cow	הרפ
Crow	ברוע
Dog	בלכ
Donkey	רומח
Fence	רדג
Fertilizer	ןשד
Field	הדש
Goat	זע
Hay	ריצח
Honey	שבד
Horse	סוס
Rice	זרוא
Seeds	םיערז
Water	םימ

Farm #2
קשמ #2

Animals	תויח
Barley	הרועש
Barn	םסא
Beehive	תרווכ
Corn	סרית
Duck	זוורב
Farmer	רכיא
Food	ןוזמ
Fruit	תוריפ
Irrigation	היקשה
Lamb	הלט
Llama	המאל
Meadow	וחא
Milk	בלח
Sheep	םישבכ
To Grow	לודגל
Tractor	רוטקרט
Vegetable	קרי
Wheat	הטיח
Windmill	חור תנחט

Fishing
גייד

Bait	ןויתיפ
Basket	לס
Beach	ףוח
Boat	הריס
Equipment	דויצ
Exaggeration	המזגה
Fins	םיריפנס
Gills	םימיז
Hook	וו
Jaw	תסל
Lake	םגא
Ocean	סונייקוא
Patience	תונלבס
River	רהנ
Scales	םיינזאמ
Season	הנוע
Water	םימ
Weight	לקשמ
Wire	טוח

Flowers
םיחרפ

Bouquet	רז
Clover	ןתלת
Daffodil	ןסיקרנ
Daisy	ינייד
Dandelion	ןש יראה
Gardenia	הינדרג
Hibiscus	סוקסיביה
Jasmine	ןימסי
Lavender	רדנבל
Lilac	ךליל
Lily	ןשוש
Magnolia	הילונגמ
Orchid	סחלב
Passionflower	הרולפיסספ
Peony	תינומדא
Petal	תרתוכ ילע
Poppy	גרפ
Rose	דרו
Sunflower	תינמח
Tulip	ןועבצי

Food #1
ןוזמ #1

Apricot	שמשמ
Barley	הרועש
Basil	ןחיר
Carrot	רזג
Cinnamon	ןומניק
Garlic	םוש
Juice	ץימ
Lemon	ןומיל
Milk	בלח
Onion	לצב
Peanut	ןטוב
Pear	סגא
Salad	טלס
Salt	חלמ
Soup	קרמ
Spinach	דרת
Strawberry	הדש תות
Sugar	רכוס
Tuna	הנוט
Turnip	תפל

Food #2
ןוזמ #2

Apple	חופת
Artichoke	קושיטרא
Banana	הננב
Broccoli	ילוקורב
Celery	ירלכ
Cheese	הניבג
Cherry	ןבדבוד
Chicken	ףוע
Chocolate	דלוקוש
Egg	הציב
Eggplant	ליצח
Fish	גד
Grape	ןפג
Ham	םח
Kiwi	יוויק
Mushroom	היירטפ
Rice	זרוא
Tomato	הינבגע
Wheat	הטיח
Yogurt	טרוגוי

Fruit
תוריפ

Apple	חופת
Apricot	שמשמ
Avocado	ודקובא
Banana	הננב
Berry	ירב
Cherry	ןבדבוד
Coconut	סוקוק
Fig	הנאת
Grape	ןפג
Guava	הבאיוג
Kiwi	יוויק
Lemon	ןומיל
Mango	וגנמ
Melon	ןולמ
Nectarine	הנירטקנ
Papaya	היאפפ
Peach	קסרפא
Pear	סגא
Pineapple	סננא
Raspberry	לטפ

Furniture
טוהיר

Armchair	הסרוכ
Bed	הטימ
Bench	לספס
Chair	אסיכ
Comforters	םימחונמ
Couch	הפס
Curtains	תונוליו
Cushions	תוירכ
Dresser	הדיש
Futon	ןוטופ
Hammock	לסרע
Lamp	הרונמ
Mattress	ןרזמ
Mirror	הארמ
Pillow	תירכ
Rug	חיטש
Shelves	םיפדמ

Garden
ןג

Bench	לספס
Bush	חיש
Fence	רדג
Flower	חרפ
Garage	ךסומ
Garden	ןג
Grass	אשד
Hammock	לסרע
Hose	רניצ
Pond	הכירב
Porch	תספרמ
Rake	הפרגמ
Rocks	םיעלס
Shovel	הריפחתא
Soil	המדא
Terrace	הסרכ
Trampoline	הנילופמרט
Tree	ץע
Vine	ןפג
Weeds	םיטוש םיבשע

Geography
היפרגרואג

Altitude	הבוג
Atlas	סלטא
City	ריע
Continent	תשבי
Country	הנידמ
Hemisphere	הרפסימה
Island	יא
Latitude	בחור וק
Map	הפמ
Meridian	ןאידירמ
Mountain	רה
North	ןופצ
Ocean	סונייקוא
Region	רוזא
River	רהנ
Sea	םי
South	םורד
Territory	חטש
West	ברעמ
World	םלוע

Geology
היגולואיג

Acid	הצמוח
Calcium	ןדיס
Cavern	הרעמ
Continent	תשבי
Coral	גומלא
Crystals	םישיבג
Cycles	םירוזחמ
Earthquake	המדא תדיער
Erosion	הקיחש
Fossil	ןבואמ
Geyser	רזייג
Lava	הבל
Layer	הבכש
Minerals	םילרנימ
Plateau	המר
Quartz	ץרווק
Salt	חלמ
Stalactite	ףיטנ
Stone	ןבא
Volcano	שעג רה

Hair Types
רעיש יגוס

Bald	חירק
Black	רוחש
Blond	ינידנולב
Braided	עולק
Braids	תומצ
Brown	םוח
Colored	ינועבצ
Curls	םילתלת
Curly	לתלותמ
Dry	שבי
Gray	רופא
Healthy	אירב
Long	ךורא
Shiny	קירבמ
Short	רצק
Soft	ךר
Thick	הבע
Thin	הזר
Wavy	ילג
White	ןבל

Herbalism
אפרמ יחמצ

Aromatic	יטמורא
Basil	ןחיר
Beneficial	ליעומ
Culinary	ירנילוק
Fennel	רמוש
Flavor	םעט
Flower	חרפ
Garden	ןג
Garlic	םוש
Green	קורי
Ingredient	ביכרמ
Lavender	רדנבל
Marjoram	ןרוימ
Mint	הטנמ
Oregano	ונגרוא
Parsley	הילזורטפ
Plant	חמצ
Rosemary	ןירמזור
Saffron	ןרפעז
Tarragon	ןוגרט

Hiking
םיילגר םיליט

Animals	תויח
Boots	םייפגמ
Camping	גניפמק
Cliff	ףוצ
Climate	םילקא
Guides	םיכירדמ
Hazards	תונכס
Heavy	דבכ
Map	הפמ
Mountain	רה
Nature	עבט
Orientation	היטנ
Parks	םיקראפ
Preparation	הנכה
Stones	םינבא
Summit	הגספ
Sun	שמש
Tired	ףייע
Water	םימ
Wild	ארפ

House
תיב

Attic	גג תיילע
Broom	אטאטמ
Curtains	תונוליו
Door	תלד
Fence	רדג
Fireplace	חא
Floor	הפצר
Furniture	טוהיר
Garage	ךסומ
Garden	ןג
Keys	תוחתפמ
Kitchen	חבטמ
Lamp	הרונמ
Library	הירפס
Mirror	הארמ
Roof	גג
Room	רדח
Shower	תחלקמ
Wall	ריק
Window	ןולח

Human Body
מדאה ףוג

Ankle	לוסרק
Blood	םד
Bones	תומצע
Brain	חומ
Chin	רטנס
Ear	ןזוא
Elbow	קפרמ
Face	םינפ
Finger	עבצא
Hand	די
Head	שאר
Heart	בל
Jaw	תסל
Knee	ךרב
Leg	לגר
Mouth	הפ
Neck	ראווצ
Nose	ףא
Shoulder	ףתכ
Skin	רוע

Insects
םיקרח

Ant	הלמנ
Aphid	המינכ
Bee	הרובד
Beetle	תישופיח
Butterfly	רפרפ
Cicada	הדקיצ
Cockroach	ןקמ
Dragonfly	תיריפש
Flea	שוערפ
Grasshopper	בגח
Ladybug	ונבר השמ תרפ
Larva	לחז
Locust	הברא
Mantis	המלש למג
Mosquito	שותי
Moth	שע
Termite	טימרט
Wasp	הערצ
Worm	תעלות

Kindness
דסח

Affectionate	הביח
Attentive	בושק
Compassionate	םוחר
Friendly	יתודידי
Generous	בידנ
Gentle	ןידע
Genuine	ירוקמ
Happy	חמש
Helpful	ליעומ
Honest	ןהכ
Hospitable	םינפ ריבסמ
Loving	בהאל
Patient	ןלבס
Receptive	ןוחפ
Reliable	ןימא
Respectful	דובכ
Tolerant	ינלבס
Understanding	הנבה

Kitchen
חבטמ

Apron	רניס
Bowl	הרעק
Chopsticks	הליכא תולקמ
Cups	תוסוכ
Food	ןוזמ
Forks	תוגלזמ
Freezer	איפקמ
Grill	לירג
Jar	תנצנצ
Jug	דכ
Kettle	םוקמוק
Knives	םיניכס
Napkin	תיפמ
Oven	רונת
Recipe	ןוכתמ
Refrigerator	ררקמ
Spices	םינילבת
Sponge	גופס
Spoons	תויפכ
To Eat	לוכאל

Landscapes
םיפונ

Beach	ףוח
Cave	הרעמ
Cliff	קוצ
Desert	רבדמ
Geyser	רזייג
Hill	העבג
Iceberg	ןוחרק
Island	יא
Lake	םגא
Mountain	רה
Oasis	סיזאוא
Ocean	סונייקוא
Peninsula	יאה יצח
River	רהנ
Sea	םי
Swamp	הציב
Tundra	הרדנוט
Valley	קמע
Volcano	שעג רה
Waterfall	לפמ

Literature
תורפס

Analogy	היגולנא
Analysis	חותינ
Anecdote	הטודקנא
Author	רבחמ
Biography	היפרגויב
Comparison	האוושה
Conclusion	םוכיס
Description	רואית
Dialogue	גולאיד
Fiction	ןוידב
Metaphor	הרופטמ
Narrator	ןייררק
Novel	ןמור
Poem	ריש
Poetic	יטאופ
Rhyme	זורח
Rhythm	בצק
Style	ןונגס
Theme	אשונ תכרעמ
Tragedy	הידגרט

Mammals
סיקנוי

Bear	בוד
Beaver	הנוב
Bull	רוש
Cat	לותח
Coyote	תוברע באז
Dog	בלכ
Dolphin	ויפלוד
Elephant	ליפ
Fox	לעוש
Giraffe	הפרי'ג
Gorilla	הלירוג
Horse	סוס
Kangaroo	ורוגנק
Lion	הירא
Monkey	ףוק
Rabbit	בנרא
Sheep	םישבכ
Whale	ןתיוול
Wolf	באז
Zebra	הרבז

Math
הקיטמתמ

Angles	תויווז
Arithmetic	ןובשח
Decimal	ינורשע
Degrees	תולעמ
Diameter	רטוק
Equation	האוושמ
Exponent	ךירעמ
Fraction	רבש
Geometry	הירטמואג
Numbers	םירפסמ
Parallel	ליבקמ
Parallelogram	תיליבקמ
Perimeter	ףקיה
Polygon	עלוצמ
Rectangle	ןבלמ
Square	עוביר
Sum	םוכס
Symmetry	הירטמיס
Triangle	שלושמ
Volume	חפנ

Measurements
תודידמ

Byte	תיב
Centimeter	רטמיטנס
Decimal	ינורשע
Degree	תואר
Depth	קמוע
Gram	םרג
Height	הבוג
Inch	ץניא
Kilogram	םרגוליק
Kilometer	רטמוליק
Length	ךרוא
Liter	רטיל
Mass	הסמ
Meter	רטמ
Minute	הקד
Ounce	תייקנוא
Ton	ןוט
Volume	חפנ
Weight	לקשמ
Width	בחור

Meditation
היצטידמ

Acceptance	הלבק
Awake	רע
Calm	עוגר
Clarity	תוריהב
Compassion	הלמח
Emotions	תושגר
Gratitude	הדות תרכה
Habits	םילגרה
Happiness	רשוא
Kindness	דסח
Mental	שפנ
Mind	חומ
Movement	העונת
Music	הקיזומ
Nature	עבט
Peace	םולש
Perspective	הביטקפסרפ
Silence	הקיתש
Thoughts	תובשחמ
To Learn	דומלל

Musical Instruments
הניגנ ילכ

Banjo	ו'גנב
Bassoon	ןוסב
Cello	ל'צ
Clarinet	טנירלק
Drum	ףות
Drumsticks	ףות יתולקמ
Flute	לילח
Gong	גנוג
Guitar	הרטיג
Harmonica	הקינומרה
Harp	לבנ
Mandolin	הנילודנמ
Marimba	הבמירמ
Oboe	בובא
Piano	רתנספ
Saxophone	ןופוסקס
Tambourine	ףות םירמ
Trombone	ןובמורט
Trumpet	הרצוצח
Violin	רוניכ

Mythology
היגולותימ

Archetype	סופיטבא
Behavior	תוגהנתה
Beliefs	תונומא
Creation	הריצי
Creature	רוצי
Culture	תוברת
Deities	םילא
Disaster	ןוסא
Hero	רוביג
Immortality	ח_צ_נ
Jealousy	האנק
Labyrinth	ךובמ
Legend	הדגא
Lightning	קרב
Monster	תצלפמ
Mortal	התומת ןב
Revenge	המקנ
Strength	חוכ
Thunder	םער
Warrior	םחול

Nature
עבט

Animals	חיות
Arctic	ארקטי
Beauty	יפוי
Bees	דבורים
Cliffs	צוקים
Clouds	עננים
Desert	מדבר
Dynamic	דינמי
Erosion	שחיקה
Fog	ערפל
Foliage	ע.ל.י
Forest	יער
Glacier	קרחון
Peaceful	שליו
River	נהר
Sanctuary	מקלט
Serene	שלווה
Tropical	טרופי
Vital	חיוני
Wild	פראי

Numbers
מספרים

Decimal	עשרוני
Eight	שמונה
Eighteen	שמונה עשר
Fifteen	חמישה עשר
Five	חמש
Four	ארבע
Fourteen	ארבעה עשר
Nine	תשע
Nineteen	תשעה עשר
One	אחד
Seven	שבע
Seventeen	שבעה עשר
Six	שש
Sixteen	שש עשרה
Ten	עשר
Thirteen	שלוש עשרה
Three	שלוש
Twelve	שנים עשר
Twenty	עשרים
Two	שתיים

Nutrition
תזונה

Appetite	תיאבון
Balanced	מאוזן
Bitter	מריר
Calories	קלוריות
Carbohydrates	פחמימות
Diet	דיאטה
Digestion	עיכול
Edible	אכיל
Fermentation	תסיסה
Flavor	טעם
Habits	הרגלים
Health	בריאות
Healthy	בריא
Nutrient	מזין
Proteins	חלבונים
Quality	איכות
Sauce	רוטב
Toxin	רעל
Vitamin	ויטמין
Weight	משקל

Ocean
אוקיינוס

Algae	אצות
Coral	אלמוג
Crab	סרטן
Dolphin	דולפין
Eel	צלופח
Fish	דג
Jellyfish	מדוזה
Octopus	תמנון
Oyster	צדפה
Reef	שונית
Salt	מלח
Shark	כריש
Shrimp	שרימפס
Sponge	ספוג
Storm	סערה
Tides	גאות ושפל
Tuna	טונה
Turtle	צב
Waves	גלים
Whale	לוויתן

Pets
חיות מחמד

Cat	חתול
Collar	צוואר
Cow	פרה
Dog	כלב
Fish	דג
Food	מזון
Goat	עז
Hamster	אוגר
Kitten	חתלתול
Leash	רצועה
Lizard	לטאה
Mouse	עכבר
Parrot	תוכי
Paws	כפות
Puppy	כלבלב
Rabbit	ארנב
Tail	זנב
Turtle	צב
Veterinarian	וטרינר
Water	מים

Pirates
פיראטים

Adventure	הרפתקה
Anchor	עוגן
Bad	רע
Beach	חוף
Captain	קפטן
Cave	מערה
Coins	מטבעות
Compass	מצפן
Crew	צוות
Danger	סכנה
Flag	דגל
Gold	זהב
Island	אי
Legend	אגדה
Map	מפה
Parrot	תוכי
Rum	רום
Scar	צלקת
Sword	חרב
Treasure	אוצר

Plants
םיחמצ

Bamboo	קובמב
Bean	תיעועש
Berry	ירב
Blossom	החירפ
Botany	הקינטוב
Bush	שוב
Cactus	סוטקק
Fertilizer	ןשד
Flower	חרפ
Foliage	םי.ל.ע
Forest	רעי
Garden	ןג
Grass	אשד
Grow	לודגל
Ivy	סוסיק
Moss	בחט
Petal	תרתוכ ילע
Root	שרוש
Tree	ץע
Vegetation	הייחמצ

Professions #1
תועוצקמ #1

Ambassador	רירגש
Astronomer	םונורטסא
Attorney	ןיד ךרוע
Banker	יאקנב
Cartographer	ףרגוטרק
Coach	ןמאמ
Dancer	ןדקר
Doctor	רוטקוד
Editor	ךרוע
Geologist	גולואיג
Hunter	דייצ
Jeweler	ןטישכת
Musician	יאקיזומ
Nurse	תוחא
Pianist	ןרתנספ
Plumber	ברברש
Psychologist	גולוכיספ
Sailor	חלמ
Tailor	טייח
Veterinarian	רנירטו

Professions #2
תועוצקמ #2

Astronaut	טואנורטסא
Biologist	גולויב
Dentist	םייניש אפור
Detective	שלב
Engineer	סדנהמ
Farmer	רכיא
Gardener	ןנג
Illustrator	רייאמ
Inventor	איצממ
Journalist	יאנותיע
Librarian	תינרפס
Linguist	ןשלב
Painter	רייצ
Philosopher	ףוסוליפ
Photographer	םלצ
Physician	אפור
Pilot	סייט
Surgeon	חתנמ
Teacher	הרומ
Zoologist	גולואוז

Rainforest
םשג תורעי

Amphibians	םייח-וד
Birds	םירופיצ
Botanical	ינטוב
Climate	םילקא
Clouds	םיננע
Community	הליהק
Diversity	ןוויג
Indigenous	ידיל
Insects	םיקרח
Jungle	לגנו'ג
Mammals	םיקנוי
Moss	בחט
Nature	עבט
Preservation	רומיש
Refuge	טלקמ
Respect	דובכ
Restoration	רוזחש
Species	םינימ
Survival	תודרשיה
Valuable	רקי

Restaurant #1
הדעסמ #1

Allergy	היגרלא
Bowl	הרעק
Bread	םחל
Cashier	תיאפוק
Chicken	ףוע
Coffee	הפק
Dessert	חוניק
Food	ןוזמ
Ingredients	םיביכרמ
Kitchen	חבטמ
Knife	ןיכס
Meat	רשב
Menu	טירפת
Napkin	תיפמ
Plate	תחלצ
Reservation	הנמזה
Sauce	בטור
Spicy	ףירח
To Eat	לוכאל
Waitress	תירצלמ

Restaurant #2
הדעסמ #2

Appetizer	ןבאתמ
Cake	הגוע
Chair	אסיכ
Delicious	םיעט
Dinner	ברע תחורא
Eggs	םיציב
Fish	גד
Fork	גלזמ
Fruit	תוריפ
Ice	חרק
Lunch	םיירהצ תחורא
Noodles	תוירטא
Salad	טלס
Salt	חלמ
Soup	קרמ
Spices	םינילבת
Spoon	ףכ
Vegetables	תוקרי
Waiter	רצלמ
Water	םימ

School #1
בית ספר #1

Alphabet	אלפבית
Answers	תשובות
Books	ספרים
Chair	כיסא
Classroom	כיתה
Exams	בחינות
Folders	תיקיות
Friends	חברים
Fun	כיף
Library	ספריה
Lunch	ארוחת צהריים
Markers	מסמנים
Math	מתמטיקה
Paper	נייר
Pencil	עיפרון
Pens	עטים
Quiz	חידון
Teacher	מורה
To Learn	ללמוד
To Write	לכתוב

School #2
בית ספר #2

Academic	אקדמי
Activities	פעילויות
Backpack	תרמיל
Books	ספרים
Bus	אוטובוס
Calendar	לוח שנה
Computer	מחשב
Dictionary	מילון
Education	חינוך
Eraser	מחק
Grammar	דקדוק
Library	ספריה
Literature	ספרות
Paper	נייר
Pencil	עיפרון
Science	מדע
Scissors	מספריים
Supplies	אספקה
Teacher	מורה
Weekends	סופי שבוע

Science
מדע

Atom	אטום
Chemical	כימי
Climate	אקלים
Data	נתונים
Evolution	אבולוציה
Experiment	ניסוי
Fact	עובדה
Fossil	מאובן
Hypothesis	חונה
Laboratory	מעבדה
Method	שיטה
Minerals	מינרלים
Molecules	מולקולות
Nature	טבע
Organism	אורגניזם
Particles	חלקיקים
Physics	פיזיקה
Plants	צמחים
Scientist	מדען

Science Fiction
מדע בדיוני

Atomic	אטומי
Books	ספרים
Chemicals	כימיקלים
Cinema	קולנוע
Dystopia	דיסטופיה
Explosion	פיצוץ
Extreme	קיצוני
Fantastic	פנטסטי
Fire	אש
Futuristic	עתידני
Galaxy	גלקסיה
Illusion	אשליה
Imaginary	דמיוני
Mysterious	מסתורי
Oracle	אורקל
Planet	כוכב לכת
Robots	רובוטים
Technology	טכנולוגיה
Utopia	אוטופיה
World	עולם

Scientific Disciplines
דיסציפלינות מדעיות

Anatomy	אנטומיה
Archaeology	ארכאולוגיה
Astronomy	אסטרונומיה
Biochemistry	ביוכימיה
Biology	ביולוגיה
Botany	בוטניקה
Chemistry	כימיה
Ecology	אקולוגיה
Geology	גיאולוגיה
Immunology	אימונולוגיה
Kinesiology	קינסיולוגיה
Linguistics	בלשנות
Mechanics	מכניקה
Mineralogy	מינרלוגיה
Neurology	נוירולוגיה
Physiology	פיזיולוגיה
Psychology	פסיכולוגיה
Sociology	סוציולוגיה
Thermodynamics	תרמודינמיקה
Zoology	זואולוגיה

Shapes
צורות

Arc	קשת
Circle	מעגל
Cone	חרוט
Corner	פינה
Cube	קוביה
Curve	עקומה
Cylinder	גליל
Edges	קצוות
Ellipse	אליפסה
Hyperbola	היפרבולה
Line	קו
Oval	סגלגל
Polygon	מצולע
Prism	פריזמה
Pyramid	פירמידה
Rectangle	מלבן
Side	צד
Square	ריבוע
Triangle	משולש

Spices
תבלינים

Anise	אניס
Bitter	מריר
Cardamom	הל
Cinnamon	קינמון
Clove	ציפורן
Coriander	כוסברה
Cumin	כמון
Curry	קארי
Fennel	שומר
Flavor	טעם
Garlic	שום
Ginger	ג'ינג'ר
Licorice	שוש
Nutmeg	מוסקט
Onion	בצל
Paprika	פפריקה
Saffron	זעפרן
Salt	מלח
Sweet	מתוק
Vanilla	וניל

Sports
ספורט

Athlete	ספורטאי
Baseball	בייסבול
Basketball	כדורסל
Bicycle	אופניים
Championship	אליפות
Coach	מאמן
Game	משחק
Golf	גולף
Gymnastics	התעמלות
Hockey	הוקי
Movement	תנועה
Player	שחקן
Referee	שופט
Stadium	אצטדיון
Team	צוות
Tennis	טניס
To Swim	לשחות
Winner	זוכה

Summer
קיץ

Beach	חוף
Books	ספרים
Camping	קמפינג
Diving	צלילה
Family	משפחה
Food	מזון
Friends	חברים
Games	משחקים
Garden	גן
Joy	שמחה
Leisure	פנאי
Music	מוזיקה
Relaxation	הרפיה
Sandals	סנדלים
Sea	ים
Stars	כוכבים
To Swim	לשחות
Travel	נסיעות
Vacation	חופש

Surfing
גלישה

Athlete	ספורטאי
Beach	חוף
Beginner	מתחיל
Champion	אלוף
Crowds	קהל
Extreme	קיצוני
Foam	קצף
Fun	כיף
Ocean	אוקיינוס
Popular	פופולרי
Reef	שונית
Speed	מהירות
Stomach	קיבה
Strength	כוח
Style	סגנון
To Swim	לשחות
Wave	גל
Weather	מזג אוויר

Technology
טכנולוגיה

Blog	בלוג
Browser	דפדפן
Bytes	בתים
Camera	מצלמה
Computer	מחשב
Cursor	סמן
Data	נתונים
Digital	דיגיטלי
File	קובץ
Font	גופן
Internet	אינטרנט
Message	הודעה
Research	מחקר
Screen	מסך
Security	ביטחון
Software	תוכנה
Statistics	סטטיסטיקה
Virtual	וירטואלי
Virus	נגיף

Time
זמן

Annual	שנתי
Before	לפני
Calendar	לוח שנה
Century	מאה
Clock	שעון
Day	יום
Decade	עשור
Early	מוקדם
Future	עתיד
Hour	שעה
Minute	דקה
Month	חודש
Morning	בוקר
Night	לילה
Noon	צהריים
Now	עכשיו
Soon	בקרוב
Today	היום
Week	שבוע
Year	שנה

To Fill

יולימל

Bag	קית
Barrel	תיבח
Basin	וגא
Basket	לס
Bottle	קובקב
Box	הבית
Bucket	ילד
Carton	וטרק
Crate	זגרא
Drawer	הריגמ
Envelope	הפטעמ
Folder	היקית
Jar	תנצנצ
Pocket	סיכ
Suitcase	הדוזומ
Tray	שגמ
Tube	רוניצ
Vase	לטרגא

Town

ריעה

Airport	הפועת הדש
Bakery	הייפאמ
Bank	קנב
Bookstore	םירפס תונח
Cinema	עונלוק
Clinic	האפרמ
Florist	םיחרפ
Gallery	הירלג
Hotel	וולמ
Library	היירפס
Market	קוש
Museum	וואיזומ
Pharmacy	תחקרמ תיב
School	רפס תיב
Stadium	ווידטצא
Store	תונח
Supermarket	טקרמרפוס
Theater	וורטאית
University	הטיסרבינוא
Zoo	תויח וג

Toys

םיעוצעצ

Airplane	סוטמ
Ball	רודכ
Bicycle	םיינפוא
Boat	הריס
Books	םירפס
Car	תינוכמ
Chess	טנחש
Clay	סרר
Crafts	די תכאלמ
Doll	הבוב
Drums	םיפות
Favorite	בוהא
Games	םיקחשמ
Imagination	וימד
Kite	ופיפע
Paints	םיעבצ
Robot	טובור
Train	תבכר
Truck	תיאשמ

Vacation #2

שפונ #2

Airport	הפועת הדש
Beach	ףוח
Camping	גניפמק
Destination	דעי
Foreigner	רז
Holiday	גח
Hotel	וולמ
Island	יא
Journey	עסמ
Leisure	יאנפ
Map	הפמ
Mountains	םירה
Passport	ווכרד
Restaurant	הדעסמ
Sea	םי
Taxi	תינומ
Tent	להוא
Train	תבכר
Transportation	הרובחת
Visa	הזיו

Vegetables

תוקרי

Artichoke	קושירא
Broccoli	ילוקורב
Carrot	רזג
Cauliflower	תיבורכ
Celery	ירלס
Cucumber	ווּפלמ
Eggplant	ליצח
Garlic	םוש
Ginger	ר'גני'ג
Mushroom	הייטרפ
Onion	לצב
Parsley	היליזורטפ
Pea	הנופא
Pumpkin	תעלד
Radish	וונצ
Salad	טלס
Shallot	תולאש
Spinach	דרת
Tomato	הייגבע
Turnip	תפל

Vehicles

בכר ילכ

Airplane	סוטמ
Ambulance	סנלובמא
Bicycle	םיינפוא
Boat	הריס
Bus	סובוטוא
Car	תינוכמ
Caravan	ואוורק
Ferry	תרובעמ
Helicopter	קוסמ
Motor	עונמ
Raft	הדוספר
Rocket	הטקר
Scooter	עונטק
Shuttle	תועסה
Submarine	תללוצ
Subway	תיתחת תבכר
Taxi	תינומ
Tires	םיגימצ
Tractor	רוטקרט
Truck	תיאשמ

Virtues #1
עמלות 1#

Artistic	אמנותי
Charming	מקסים
Clean	נקי
Confident	בוטח
Curious	סקרן
Decisive	מכריע
Efficient	יעיל
Funny	מצחיק
Generous	נדיב
Good	טוב
Helpful	מועיל
Independent	עצמאי
Modest	צנוע
Patient	סבלני
Practical	מעשי
Reliable	אמין
Wise	חכם

Visual Arts
אמנות חזותית

Architecture	ארדיכלות
Artist	אמן
Ceramics	קרמיקה
Chalk	גיר
Charcoal	פחם
Clay	ח.ר.ס
Composition	הרכב
Creativity	יצירתיות
Easel	כן ציור
Film	סרט
Masterpiece	יצירת מופת
Painting	ציור
Pen	עט
Pencil	עיפרון
Perspective	פרספקטיבה
Portrait	דיוקן
Stencil	סטנסיל
Varnish	לכה
Wax	שעווה

Water
מים

Canal	תעלה
Damp	לח
Evaporation	אידוי
Frost	כפור
Geyser	גייזר
Humidity	לחות
Hurricane	הוריקן
Ice	קרח
Irrigation	השקיה
Lake	אגם
Monsoon	מונסון
Ocean	אוקיינוס
Rain	גשם
River	נהר
Shower	מקלחת
Snow	שלג
Waves	גלים

Weather
מזג אוויר

Atmosphere	אווירה
Breeze	רו·ח.
Climate	אקלים
Cloud	ענן
Drought	בצורת
Dry	יבש
Fog	ערפל
Hurricane	הוריקן
Ice	קרח
Lightning	ברק
Monsoon	מונסון
Polar	קוטבי
Rainbow	קשת
Sky	רקיע
Storm	סערה
Temperature	טמפרטורה
Thunder	רעם
Tornado	טורנדו
Tropical	טרופי
Wind	רוח

Congratulations

You made it!

We hope you enjoyed this book as much as we enjoyed making it. We do our best to make high quality games.
These puzzles are designed in a clever way for you to earn actively while having fun!

Did you love them?

A Simple Request

Our books exist thanks your reviews. Could you help us by leaving one now?

Here is a short link which will take you to your order review page:

BestBooksActivity.com/Review50

MONSTER CHALLENGE!

Challenge #1

Ready for Your Bonus Game? We use them all the time but they are not so easy to find. Here are **Synonyms**!

Note 5 words you discovered in each of the Puzzles noted below (#21, #36, #76) and try to find 2 synonyms for each word.

Note 5 Words from *Puzzle 21*

Words	Synonym 1	Synonym 2

Note 5 Words from *Puzzle 36*

Words	Synonym 1	Synonym 2

Note 5 Words from *Puzzle 76*

Words	Synonym 1	Synonym 2

Challenge #2

Now that you are warmed-up, note 5 words you discovered in each Puzzle
noted below (#9, #17, #25) and try to find 2 antonyms for each word.
How many lines can you do in 20 minutes?

Note 5 Words from **Puzzle 9**

Words	Antonym 1	Antonym 2

Note 5 Words from **Puzzle 17**

Words	Antonym 1	Antonym 2

Note 5 Words from **Puzzle 25**

Words	Antonym 1	Antonym 2

Challenge #3

Wonderful, this monster challenge is nothing to you!

Ready for the last one? Choose your 10 favorite words discovered in any of the Puzzles and note them below.

1.	6.
2.	7.
3.	8.
4.	9.
5.	10.

Now, using these words and within a maximum of six sentences, your challenge is to compose a text about a person, animal or place that you love!

Tip: You can use the last blank page of this book as a draft!

Your Writing:

Explore a Unique Store
Set Up **FOR YOU!**

BestActivityBooks.com/**TheStore**

Designed for Entertainment!

Light Up Your Brain With Unique **Gift Ideas**.

Access **Surprising** And **Essential Supplies!**

CHECK OUT OUR MONTHLY SELECTION NOW!

- Expertly Crafted Products -

NOTEBOOK:

SEE YOU SOON!

Linguas Classics Team

www.ingramcontent.com/pod-product-compliance
Lightning Source LLC
Chambersburg PA
CBHW060103070526
44654CB00051B/1609
* 9 7 8 2 4 9 1 7 9 2 2 9 9 *